何があっても「大丈夫。」
と思える子に育つ

子どもの
自己肯定感の教科書

中島輝
Nakashima Teru

自己肯定感の
キッズタイプを診断します

0.1秒で気になる色を選んでください
（お子さんに0.1秒で気になる色を選んでもらってください）

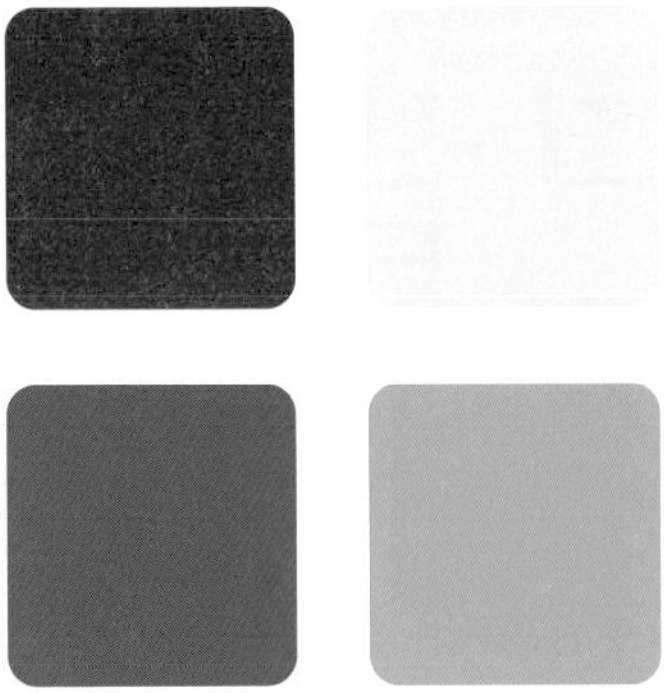

答えは6ページからご確認ください

Prologue

子どもの勉強・運動・人間関係・将来…は「自己肯定感」が10割

自己肯定感で何があっても「大丈夫。」と思える子に育つ

30年後、40年後、子どもにどんな力をつけてあげたいですか？

コミュニケーション力、やり抜く力、思考力、判断力——それとも、学力、集中力、記憶力でしょうか？

どの力もとても大切で、子どもに必要なものばかり。でも、それらすべての力の土台になる、もっとも大切な力があります。

それが**「自己肯定感」**です。

わたしはこれまで心理カウンセラー・メンタルトレーナーとして、自己肯定感を高めれば人生、仕事、健康、人間関係、恋愛……などあらゆることが好転することを目の当たりにしてきました。**そのなかでもいま、とくに自己肯定感が必要とされているのが、子どもたち**です。

なぜなら**自己肯定感は、生きていく力、幸せになる力そのもの**だからです。

もっと簡単にいえば、**どんな否定的な状況のなかでも、自己肯定感があれば、笑顔になれる**ということです。

生きていれば、つらいことや悲しいことは起こります。もちろん、楽しいことやうれしいことがたくさんある人生ならすばらしいものです。でも、100パーセント楽しいことしかない人生など、ありえません。それは、お母さん、お父さんも実感できますよね。

大切なのは、つらいことや悲しいことが起こらない人生ではなく、**つらいことや悲しいことが起こったときにどう乗り越え、幸せを見つけていけるか**、ではないでしょうか。

自己肯定感があれば、何があっても乗り越えていけますし、自分で決めたことをやり抜くことができるようにもなります。

自分で自分の幸せを見つけられるようになるのです。それって、すごいことだと思いませんか。

「子どもがやる気がなくて困っています」
「嫌なことがあるとすぐに落ち込んでしまいます」
「がまんできなくてすぐにあきらめてしまいます」
「〝どうせやってもできない〟と、挑戦しようとしないんです」

わたしはお母さんやお父さんからの子育てのご相談だけでなく、保育士さんや幼稚園教諭、小学校の先生など、教育現場に携わる方々のご相談や指導もさせていただいていますが、このような悩みやご相談もたくさんいただきます。

勉強のやる気が出ない、新しいことにチャレンジしようとしても、失敗を恐れて行動できないといったことの背景に自己肯定感の低下があります。

ここではっきりお伝えします。**自己肯定感はどんなお子さんにも必ずあります。**

そしてそれを育て、増やすことができるのは、なんといってもいちばんそばにいるお母さん、お父さんです。

「うちの子は自己肯定感が低いから、もうダメ」「一度失った自信をとり戻すのは難しい」などということはけっしてありません。

子どもがずっと幸せに生きていけるように、親がしてあげられることは、じつはとてもシンプルです。

お金を残すことより、いい学歴をつけることよりも大切なのが、自己肯定感を身につけさせることです。それができたなら、その子の人生の成功は約束されていると、わたしは大げさではなく思います。

自己肯定感は、お母さん、お父さんがお子さんに渡すことができる、一生ものの宝であり、プレゼントです。

この本では子どもの自己肯定感を育てるあらゆる方法を、具体例も交えてたくさんご紹介していきます。

レッド・ブルー・イエロー・グリーン どの色が好き？ 自己肯定感4キッズタイプ診断

ところで、冒頭で紹介した「自己肯定感4キッズタイプ診断」は、もうお済みですか？

この診断は、0・1秒の直感で、お子さんに気になる色を選んでもらうというものでした。

ここでは、選んでもらった色でお子さんのタイプを知る「自己肯定感4キッズタイプ診断」をさわりだけ紹介しましょう。さらに詳しい本格的な診断結果は、186ページから紹介しますので、そちらも楽しみにしていてくださいね。

さて、お子さんが選んだのは、「赤」「青」「黄」「緑」のどれでしたか？

じつは選んだ色で、子どもの性格タイプがわかります。自己肯定感を高める言葉も、4タイプによって違います。それぞれのタイプ別に軽く説明しましょう。

赤色を選んだお子さん：「レッドタイプ」

目標や目的を達成するために**「情熱」**を注ぎます。数のうえでは少数ですが、競争を好み、手段を選ばずいちばんになりたがります。

自分がほかの子よりも優れていると感じることで満足感を得るので、ランキング発表などで競争を可視化すると、参加意欲を刺激できます。そんなレッドタイプの子には、次のように接するといいでしょう。

- 複数の選択肢から自分で選ばせる。
- 目標を明確に具体的に設定する。
- 成果をほめる（例：「がんばりが実ったね」など。ほめすぎず、バランスが大切）。
- 失敗しても「次はどうすればいいかな」など学びの機会にする。

「もっとできるよ」

「必ずもっとよくなるよ」

と声をかけてあげてください。

青色を選んだお子さん……「ブルータイプ」

ほかの子との交流を楽しむタイプです。人の気もちを大切にし、思いやりとやさしさにあふれた**「愛情」**のある関係を大切にします。協力して何かにとり組むことや、ほかの子から頼れることに喜びを見いだします。単独行動よりも、子ども同士の交流をうながすような工夫が有効です。そんなブルータイプの子には、次のように接するといいでしょう。

- 質問の返答は、じっくり待ってあげる。
- 努力と進歩をほめる（例：「ここまで努力したことはよくわかってるよ」など）。

・ほかの人を助ける姿や教える姿を見たら、行動をほめる（例：「あなたのサポートが役に立ったよ」「○○ちゃんに教えてくれて、助かった。ありがとう」など）。

「大丈夫。そのままのあなたでいいよ」
「いつもありがとう」

と声をかけてあげてください。

黄色を選んだお子さん…「イエロータイプ」

自由を大切にし、興味・関心があること、**「好奇心」**を大切にしていきます。勝利にはあまり関心がなく、隠れたしかけを発見したり、予想外の報酬を得たりすることがモチベーションになります。

アイデア力を発揮する環境をつくってあげると、もっといろいろなことを試そうとする気もちになります。そんなイエロータイプの子には、次のように接するといいで

しょう。

- たくさんほめる。
- アイデアや意見に耳を傾け、重視する（例：「意見を聞かせて」「そのアイデア、いいね」など）。
- 見守りとフィードバックをする（例：子どもが企画したり挑戦したとき、うまくいくコツや改善点を伝えるなど、積極的にサポートする）。

「なんとかなるよ」

「自由でいいよ！」

と声をかけてあげてください。

緑色を選んだお子さん：「グリーンタイプ」

「調和」のある平和を好み、自分の属するグループや組織で役に立ち、仲よく暮らします。そして目標を達成することで喜びを感じます。

みんなで一緒に成長し、共同でゴールをすることで満足感を得るタイプで、難しい問題にチャレンジすることも好みます。

やり遂げた問題に応じて称号を与えるなど、達成感を得ることができる工夫が有効です。そんなグリーンタイプの子には、次のように接するといいでしょう。

- 忙しくても手を休めてしっかり向き合う。
- コミュニケーションを大切にする。子どもと会話、対話をし、質問を投げかけたり、共感したりする。
- 個性や違いを受け入れ、尊重を示す（例：「あなたの意見、すばらしかったよ」など、ほかの人との比較・競争ではない言い方をする）。

「安心して、心配いらないよ」
「きっとうまくいくよ」

と声をかけてあげてください。

いかがでしたか？

じつはどの子もどの色の性質ももっています。生育環境や後天的な影響で、いま、どの傾向が強く出ているのかわかるのが、このテストです。このテストは大人も同じようにできるので、ぜひお母さん、お父さんもやってみてください。

子どもの4タイプを知ることで、子どものことを冷静に見ることができます。子どもの自己肯定感を高めるには、子どもは自分とは違う1人の個性としてとらえることが大切。この診断を使って、子育てを客観的に、かつ科学的に、楽しく行ってくださいね。それぞれのタイプ別の、「こころと脳を鍛えるワーク」は、第3章で紹介します。

7か国中最下位！ 自分自身に満足していない日本の子どもたち

いきなりですが、日本の子どもはいま、危機的な状況に陥っています。

「自己肯定感ってそんなに大切なの？」

と思われるお母さん、お父さんたちに、ちょっとショッキングなデータがあります。

内閣府が行った調査によると、「自分自身に満足している」という項目に対して、「満足している」「どちらかといえば満足している」と答えた13歳から29歳の日本の若者の割合は45・8パーセントで、2人に1人にも満たない結果でした（平成26年版 子ども・若者白書 全体版）。

この数字は、他の諸外国（韓国、アメリカ、イギリス、ドイツ、フランス、スウェーデン）のなかで最下位でした。諸外国がいずれも71〜86パーセントだったことを考えると、**日本の若者たちはかなり自己肯定感が低い状況にある**ということは明らかです。

さらには、

- 自分には長所がある
- うまくいくかわからないことにも意欲的にとり組む
- 社会現象が変えられるかもしれない
- 将来への展望

といった項目も7か国中最下位となっています。

本当に深刻だと思ったのは、ここにある「うまくいくかわからないことにも意欲的にとり組む」について、「質問の意味がわからない」という子が、わたしが見ているお子さんのなかに多々見られたということ。つまり、「うまくいくかわからないなら、やらないほうがいい」と考えているお子さんがたくさんいたのです。

それは子どもだけでなくまわりの大人たちも、コスパ（コストパーフォーマンス）やタイパ（タイムパフォーマンス）を重要視している行動のせいかもしれません。

たとえばSNSで、「この洋服かわいいから買おう！」と画像を見てすぐ決めたり、「30秒で情報を知りたい」というとき、ちょうどいい動画があったりします。

インターネットを使えば、早く、確実に、そして楽に、必要な情報だけをすぐに手

自分自身に満足していますか？（13-29歳）

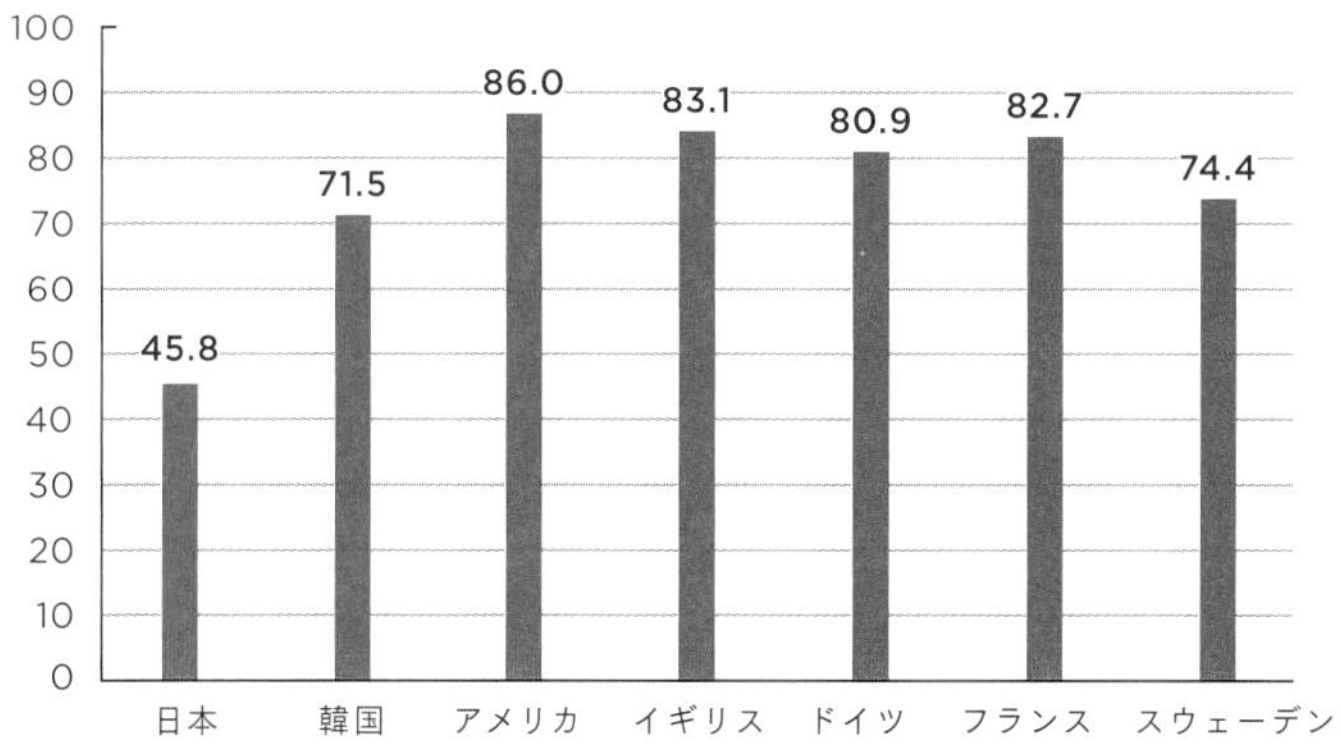

出典：平成26年版 子ども・若者白書　全体版

に入れられますし、本人がコントロールできます。それ自体は悪くないことですし、むしろ効率的で生産的です。でも、これに慣れ、これだけに頼ってしまうと、都合よくいかないことがあったときに、すぐあきらめてしまいかねません。

　わたしたちの人生、仕事や人間関係など、そんなに都合よくうまくいかないことのほうが多いもの。そんな自分でコントロールできないことにぶち当たったとき、**それでもがんばろうと思えたり、違う方法はないかなと考えたりすることができるのが、自己肯定感の力です。**コスパやタイパ重視の現代だからこそ、自己肯定感を育《はぐく》むことが重要なのです。

日本の子どもたちの状況がいまいかに危機的か。別の調査では、日本の高校生は、「自分を価値ある人間だ」という**自尊心をもっている割合が、アメリカ、中国、韓国の高校生に比べて半分以下でした。**

また「自分はダメな人間だと思うことがある」という項目に「よく当てはまる」と答えた高校生の割合は、1980年の調査では12・9パーセントでした。しかもその割合は増えつづけ、2011年の調査では36・0パーセントと3倍になっているのです（(財)一ツ橋文芸教育振興会、(財)日本青少年研究所「高校生の生活意識と留学に関する調査報告書　2012年4月」）。

この結果から学ぶべきは、「いまの高校生には夢や希望がない」などと嘆くことではなく、わたしたち親世代がいままで教わってきたこと、やってきたことが本当に子どもたちにとってよかったのかどうか、もう一度冷静に考える必要があるということかもしれません。

自己肯定感と社会状況はリンクしています。

この本を手にとってくださっているお母さん、お父さんが子どもだった時代は、どんどん新しい商品が生まれ、いまよりは将来の夢や希望が見える時代だったと思います。それに比べて、いまは先の希望が見えにくい時代です。ものは豊かになり、便利になったものの、**どこか疲れた大人の姿を、子どもはよく見ています。**

ちなみにアメリカのギャラップ社が2017年に発表した調査では、日本は「熱意あふれる社員」の割合が6パーセントで、調査対象139か国中132位と、**日本の大人たちの〝やる気のなさ〟は統計にも表れています。**

また、子どもに目を向けると、追い打ちをかけるようなデータですが、東京、北京、ソウルの3つの都市の小学校4~6年生約1500~2000名に「リーダーになりたいか」「勉強できる子になりたいか」「人気のある子になりたいか」「将来のためにがんばりたいか」という質問を投げかけたところ、いずれも東京の子どもが最下位という結果でした（日本青少年研究所2006年調べ）。

この子たちが大人になるころには、職場で海外の人と一緒に仕事をすることが増えるでしょう。そのときに、「リーダーになりたい」「将来のためにがんばりたい」と答えた率が低い日本人は、どうなってしまうのでしょうか。

さらには、ユニセフ「レポートカード16」が発表した**「子どもの幸福度ランキング」では、日本の子どもの精神的幸福度は38か国中37位。**あらゆる統計でショッキン

東京・北京・ソウルの小学4〜6年生、1500〜2000名に聞いたアンケート結果

クラスのリーダーになりたいか？

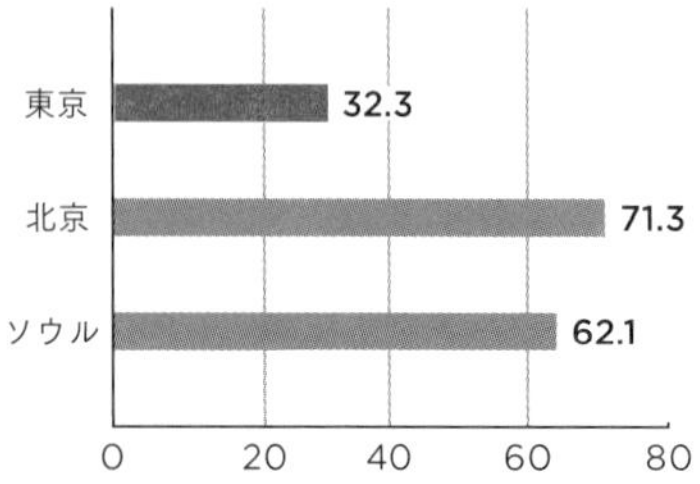

勉強のできる子になりたいか？

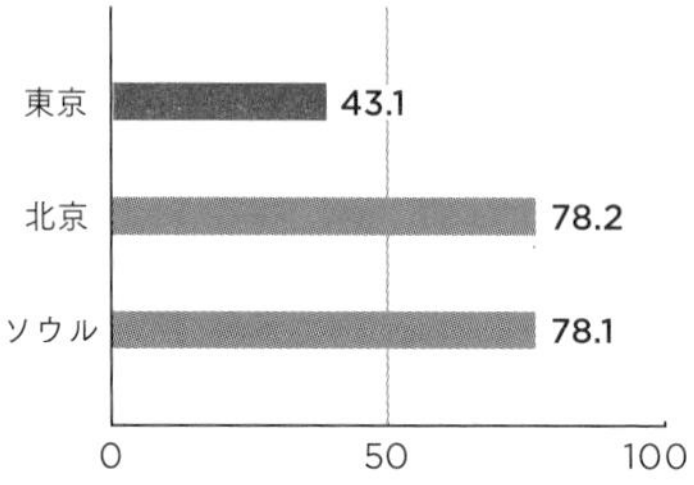

人気のある子になりたいか？

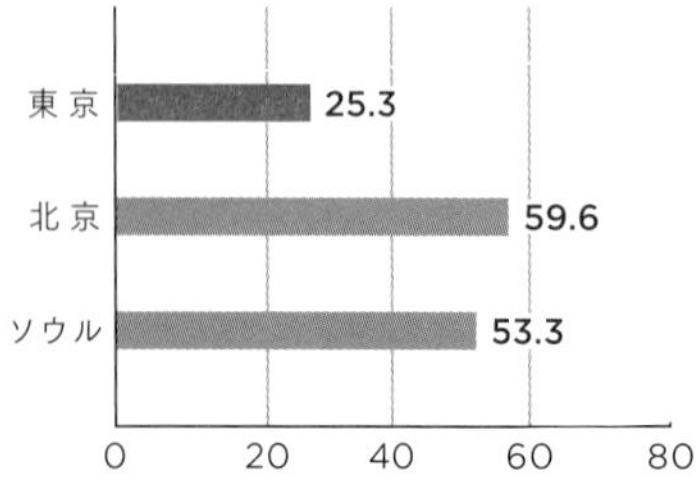

将来のためにがんばりたいか？

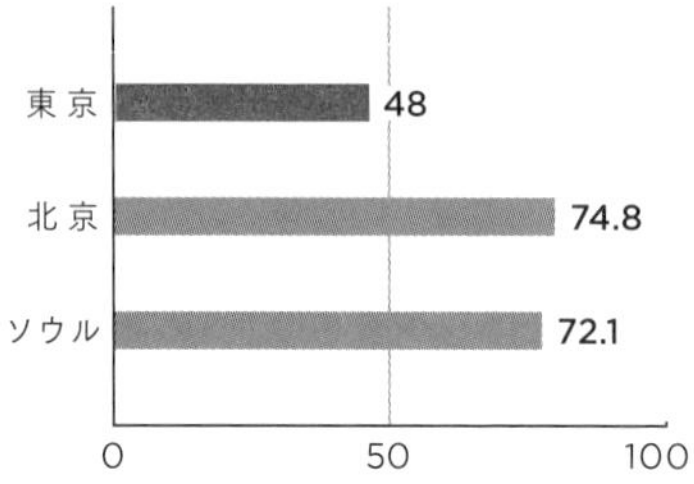

グなデータが示されています。

と、ここまで、一気にデータを紹介してしまいましたが、何がいいたいかというと、**ここまで日本の子どもの数字が低いということは、逆に、希望しかない**ということです。**むしろ伸びしろが大きい**ですから、気づいたわたしたち大人が、自己肯定感を上げていく工夫をはじめれば、子どもは大きく変わっていけるということです。

ここで紹介したもの以外にも、さまざまな機関が小中高生向けに「自分のことが好きですか」という調査をしています。どの調査でも、4～6割の子どもが「自分のことが嫌い」と答え、いずれも自己肯定感のターニングポイントが9～12歳くらいであると報告されています。このことから、親御さん自身がわが子の自己肯定感の低さに気がつくのも、9～12歳くらいが多いことが推測されます。

自己肯定感はお子さんが小さいうちからこころがければ、どんどん育っていきます。もちろん、思春期を過ぎても、大人になっても遅すぎることはありません。ただ、**子どものほうが、自己肯定感が早く育ちやすいことは事実**です。

お母さん、お父さんたちはわが子のことになるとどうしても感情が先走ってしまいがちですが、**まずは冷静にこの数字を理解し、子どもと向き合っていきましょう。**

自己肯定感が高いって〝鼻につく感じ〟じゃないの？
―自己肯定感の誤解

自己肯定感という言葉は、ここ数年でかなり一般的になりました。

子育て中のお母さん、お父さんからも「うちの子、自己肯定感が低いんです」というご相談を当たり前のようによく聞くようになりました。

それにともなって自己肯定感について、誤解されることも多くなったと感じています。

自己肯定感が高い子はいつでもポジティブで前向きで、自分のことが大好き。だから失敗しても気にしないし、悩んだりしない。

そんなふうに思っていませんか。

また、いつも前向きで元気な子を見たときに、「あの子は自己肯定感が高い」と思ったことがあるのではないでしょうか。

一方で、いつももの静かで、じっくりものごとを考えるような子、目立たない子に対して、「あの子は自己肯定感が低い」と感じたこともあったかもしれません。

自己肯定感が高いことと、ポジティブになることは、けっしてイコールではありません。

陽気で明るくて目立つお子さんの自己肯定感が低いこともあれば、人見知りでおとなしくて目立たないお子さんの自己肯定感が高いこともあります。

「自己肯定感が高い子どもに育ってほしい」と思うとどうしても、ポジティブ信仰に陥ってしまいがちです。

「ものごとはすべてポジティブに考えなくちゃダメ」

「嫌なことがあっても、すぐに前向きにとらえ直せる子にしなくちゃ」

こんなふうに親御さん自身がポジティブ信仰でがんじがらめになってしまうと、お子さんも苦しくなってしまいます。

なぜなら、ネガティブになることが許されないからです。

どんな人でも落ち込むことってありますよね。大人でもそうなのですから、子どもならなおさらです。

ものごとをポジティブにとらえることはとてもすばらしいことですが、それだけになってしまうと、親子関係にもひずみができてしまいます。

そもそも人間の思考は、ネガティブが優位になっています。

なぜなら、進化の過程で恐怖や不安が優先されなければ、命を奪われる危険があったからです。太古の昔、生きるか死ぬかの狩猟時代、いつ襲われるか、食料を奪われるかわかりません。つねに緊張と不安のなかで生きていたのです。

アメリカで行われた心理学の研究によると、わたしたちは1日に6万回の思考を行っているそうです。その6万回の思考のうち約80パーセントの4万5000回は、身を守るためのネガティブな思考になることもわかっています。1日24時間、8時間の睡眠をとっているとして、3秒に2回は身を守るためにネガティブな考えがよぎっていることになります。

つまり、**放っておけば人間はネガティブなことを考えてしまう生きもの**なのです。

そのこと自体は問題ではありません。ネガティブな思考は、失敗や危険から遠ざけ、身を守るために必要なことだからです。

自己肯定感は、ネガティブを否定するものではありません。ネガティブもひっくるめて、あなた自身だからです。

自己肯定感をわかりやすくいえば、

「わたしはわたしのままでOK」
「わたしはわたしのままで幸せになる価値がある」

と信じられる気もちのことです。

ダメな部分があってもいいし、欠点があってもいい。自信マンマンじゃなくたっていい。いつもポジティブになれなくたっていいのです。

どんな自分も丸ごと受け入れて、「これが自分なんだ」と認めて、自分自身にOKを出して生きよう、幸せになろう、とする源の感情こそが、自己肯定感なのです。

自己肯定感の小2・小3の壁とは？

自己肯定感の最初のつまずきポイントがあるとすれば、小学校2、3年生のころではないでしょうか。

子どもが小学校に入学したばかりのころは、はじめてのことがたくさんあります。だからお子さんも親御さんも一生懸命とり組み、乗り切っていくことが多いのです。なかには「学校に行きたくない」というお子さんもいますが、むしろ悩みはシンプルです。

それが小学校2、3年生くらいになると、少し複雑化してきます。

具体的にこの時期は、3つのポイントがあります。

1つは、コミュニケーションのとり方が複雑になってくること。

これまでは家庭では親と、学校では担任の先生や仲のいい友だちなどと、シンプルにコミュニケーションがとれれば意思疎通ができました。

そこから少しずつ小学校生活にも慣れ、学校では「○○委員会」「○○係」などの役割が決まりはじめたり、クラブ活動がはじまってきます。

また家庭によっては習いごとが増えたり、塾に通いだしたりする子もいるでしょう。小学校1年生までは、何かと世話を焼きがちだったお母さん、お父さんも、子どもに任せることが増えてきます。そのぶん、仕事に時間を割《さ》くことができ、忙しくなる親御さんもいます。

たとえば、1年生のあいだは仕事帰りに学童保育にお迎えに行っていたお母さんがお迎えに行かなくなる、またときには、子どもだけで家で留守番をさせる機会も出てくるかもしれません。

子どものまわりのさまざまな環境の変化は、子どもにも少なからず影響を与えます。

別の見方をすると、この時期の子どもはコミュニケーションのとり方が下手になってくる、つまり**子どもとコミュニケーションをとるのが難しくなってくる時期**でもあります。

少なくとも家庭では、お子さんと接する時間が短くなっても、肯定的なコミュニケーションのとり方をしてあげる必要があるでしょう。具体的なコミュニケーションの方法は、第1章で紹介します。

2つ目のポイントは、学習面で個性の違いが出てくる時期だということ。

学校の授業では、小学校2年生から九九がはじまります。子どもによっては「国語は得意だけど算数はキライ」「算数は好きだけど、国語はまったくダメ」などの個性が出てきます。

お子さん自身が友だちと比べて「自分はダメなのかな」「できないのかな」とまわりを意識しはじめるのもこの時期。もちろん、お母さん、お父さんもわが子の学習面が気になりはじめ、ほかのお子さんと比較することが増えはじめます。

たとえばこの時期に「○○ちゃんはもう全部九九覚えたんだって」「もっと音読をちゃんとしないと、どんどん国語が苦手になるわよ」などと、ほかの子と比べたり、その子の悪いところにフォーカスするようなことをいってしまうと、子どもの自己肯定感は下がってしまいます。

その子の個性を発揮させながら具体的に自己肯定感の底上げをする方法は、176ページで紹介します。

3つ目のポイントは、この時期に性格やパーソナリティが出てきやすいということです。

Aくんは社交的で活発であるとか、Bちゃんは内向的でおとなしい、Cくんは繊細、などといったような違いが出てくるのです。いじめのご相談がはじまるのもこの時期です。

ですからなるべくこの時期くらいから、その子の個性に合ったサポートをしてあげる必要があります。

たとえばこんなことがありました。ある教育者の講演会に出席した小学校2年生のDくんのお母さんが、「子どもには低学年のうちから武道を習わせるといい」と聞いたのです。武道を習わせると礼儀正しい子になるし、ハキハキと声が出せるようになるから、絶対におすすめだと。

日ごろから何ごとにも消極的だったDくんのことを心配していたお母さんはすぐ

に、息子に剣道を習わせることにしました。

でも、数回通っただけで子どもは行きたがらなくなりました。大きな声を出して竹刀《しない》をもって戦うのは嫌だというのです。泣く泣く剣道をやめさせましたが、3年生になるとDくんは自分から「学校のクラブ活動の吹奏楽《すいそうがく》をやりたい」といい出したのです。はじめて習う楽器で演奏するDくんはイキイキとしていました。

ここに来てようやくお母さんは、自分がDくんの個性を無視して、やりたいことも聞かずに習いごとを押しつけていたことに気がついたのです。

先ほども触れたように、さまざまな調査で、自己肯定感のターニングポイントが9〜12歳くらいであるという報告があります。

コミュニケーション、学習面、パーソナリティの違いによる個性が子どもの成長に深くかかわってくるこの時期。**ぜひお子さんに寄り添い、サポートをしてあげましょう。**

年代別に具体的に自己肯定感を高める方法は、付章で紹介します。

子どものほうが大人よりもプライドが高い？

子どもは大人よりも両親や身の回りの大人に対して純粋です。そして、想像力がとても高いものです。

「純粋だなんて、小学校に入る前までの話ですよね」なんてことはありません。

お子さんが10歳を過ぎていようと、口答えするような年齢になろうと、まだまだ純粋で、自己肯定感が育まれる時期です。

好奇心や探究心もとても旺盛、柔軟性と適応力も、大人よりずっと高いです。だからこそ大人は「こうするべきだ」「こうしなくちゃいけない」などと決めつけず、**その子のプライドを尊重し、その子自身の特性が発揮できるような見守り方をしてあげることが大切**です。

お母さん、お父さんがほかの子と比べたり、決めつけたりすると自己肯定感は育まれないのです。

たとえば、お母さんに「あなたは国語が得意なのよね」といわれたとします。その通りならいいのですが、本当は違っていたとしても、ほかにもっと好きなことがあったとしても「そうなのかな」と子どもに思わせてしまう場合があります。

お母さんからすると、子どもをその気にさせるためにかけた言葉かもしれませんが、ここには、言葉でコントロールして子どもを操作する危険性が潜んでいます。

子どもは大人が思うよりずっと、ちゃんと自分で考えています。それを言語化したり、うまく表現したりする力は大人に比べて未熟ですが、**自分が望んでいることは、子ども自身がいちばんよくわかっています。**そして、お母さんやお父さんが、自分に何を望んでいるかも。

大人より想像力や適応力が高いからこそ、子どもは無意識に親が望むような行動をとったり、自分の本当の気もちにフタをしてしまったりすることがあるのです。

お母さん、お父さんも自分が子どもだったころのことを思い出してみてください。すごく好きなことをやろうとして、その気になっていたのに、大人の行動や発言によって、その気もちにフタをしてしまったこと、ありませんでしたか。

親はそのときの感情や感覚で「なんでやらないの？」「どうしてできないの」「こっ

ちのほうがいいんじゃない?」などといってしまいがちですが、子どものプライドは少しずつ傷ついていきます。だから親がいえばいうほど、やる気をなくしてしまうこともあります。

またママ友との会話のなかで、謙遜しているつもりで子どもの前でプライドを傷つけるようなことをいってしまう親御さんもいます。

「うちの子、まったく勉強ができなくて」「本当に何をやってもダメなのよ」などとわが子をつい下げてしまう。大人のコミュニケーション術といえばそれまでですが、もしも子どもがそれを聞いていたら、どう思うでしょうか。

子どもは「謙遜」などわかりません。「お母さん、そんなふうに思っていたんだ……」とそのまま受けとってしまうでしょう。

子どもも、プライドをもって生きている1人の人間です。 ちゃんと子どもを尊重することが自己肯定感を高める第1歩です。

未来を自分らしく生き抜く2つの能力は自己肯定感で身につく！

「認知能力」「非認知能力」という言葉が、ここ最近広く知られるようになりました。「これからの子どもには非認知能力が必要だ」とか、「勉強よりも非認知能力が大事」などと、さまざまな情報があります。

認知能力も非認知能力も、どちらも必要でとても重要なものですが、**この認知能力と非認知能力を高めるための根幹であり、土台となるものが自己肯定感**です。

認知能力は、簡単にいえば「読み書きそろばん」のこと。テストの点数に直結する力です。多くが学校で習うものであり、知識を手に入れる力といえます。

一方の非認知能力は感性であり、テストの点数にはなりにくい「感じる力」です。コミュニケーション力ややり抜く力も非認知能力です。

つまり、いい換えれば、**何かの知識を手に入れたり、何かを感じたりするときに、その根底に自己肯定感が必要**なのです。

自己肯定感がすべての土台

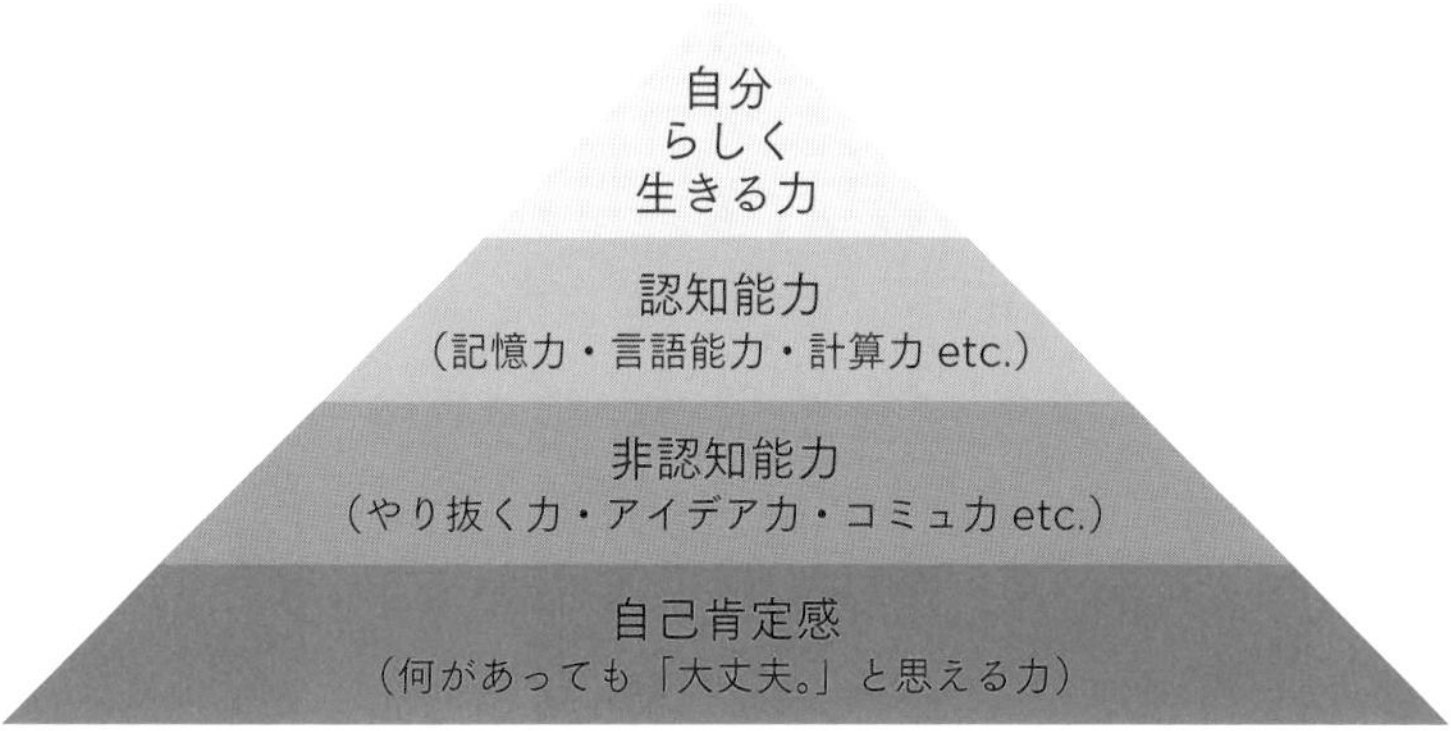
自分
らしく
生きる力
認知能力
（記憶力・言語能力・計算力 etc.）
非認知能力
（やり抜く力・アイデア力・コミュ力 etc.）
自己肯定感
（何があっても「大丈夫。」と思える力）

自己肯定感がないと知識を手に入れる力があっても使おうと思わなくなりますし、何かを感じても、悪いほうに受けとったりしてしまいます。

たとえば勉強する場面でも、自分を肯定的に見る力がなければ、「自分にはできるわけがない」「面倒くさいからやめておこう」となり、勉強のやる気がなくなります。

自己肯定感は、感情を肯定的なものにもっていってくれるものなので、自己肯定感が低ければ、何かを見たり経験したりしたときも、「楽しい」と思えずに「つまらない」と感じてしまったりします。

また、自分の能力より少しだけ難しいものと向き合ったとき、「チャレンジしたい」と思わずに、「どうせやってもうまくいかない」と思ってしまうことも。

それらもすべて、根幹となっているのは自己肯定感です。

自己肯定感がなければ、認知能力や非認知能力を高めることはできませんし、認知能力や非認知能力を使うこともできなくなってしまいます。

勉強や運動、人間関係だけではなく、これからの未来を生き抜く力を育むには、自己肯定感を高めることが欠かせません。自己肯定感を広めるために、さまざまな活動をしてきたわたしですが、自己肯定感のすごさを感じない日はありません。

不登校だった男の子が学校に行けるようになったり、音楽嫌いになりかけていた子が音大に受かったり、成績が伸びた、友だちができたなどたくさんのご報告をいただきますが、いちばん多いのは**「なんだか最近うちの子、イキイキとしているんです！」**ということ。そして、それを報告しているお母さん、お父さんのイキイキとしている顔を見るのもうれしいものです。親子で自己肯定感が高まっている証拠です。

これから具体的に自己肯定感を高める方法を、実例を交えながら紹介していきますが、大切なのは楽しむこと。自己肯定感を高めなきゃと気負わずに、肩の力を抜いて読み進めてくださいね。

何があっても「大丈夫。」と思える子に育つ
子どもの自己肯定感の教科書
もくじ

Prologue
子どもの勉強・運動・人間関係・将来……は「自己肯定感」が10割

第1章 子どもの自己肯定感が高まる接し方

第2章 そもそも子どもの自己肯定感って何？

第3章 子どものタイプ別！ 自己肯定感の育み方

第4章 その子の特性を伸ばす自己肯定感レッスン

付章 0歳から5歳までの自己肯定感Q＆A

付録―自己肯定感ワーク

第 1 章

子どもの
自己肯定感が
高まる接し方

声かけのポイントは「ほめるより気づく」

「子どもの自己肯定感をアップさせるにはどうしたらいいの？」

そう、いちばん知りたいのは具体的なやり方ですよね。

そこで、この章では、今日からすぐに実践できる、子どもの自己肯定感が高まる接し方についてお伝えします。

いうまでもなく、お子さんといちばん長く深く接しているのは親御さんです。

よく親御さんから「子どもにどんな声かけをしたらいいですか」という質問を受けます。おそらく親御さんが求めているのは、「どんな言葉をいえばいいのか」ということでしょう。

でも、大切なのは言葉ではありません。

じつは、最初にやっていただきたいのは、**「承認すること」**です。

「承認の声かけ」というと難しく聞こえてしまいますが、やることはとても簡単。

「お子さんのいいところに気づくこと」だけなのです。

お母さん、お父さんは、ほめる力（成功したか失敗したかを見る）よりも、気づく力（どんな点が成長したかを見つける）をつけてほしいのです。

気づくことは、ただほめることと違います。

たとえば、

「昨日、勉強をいっぱいしたね、すごいね」

「今日のサッカーの試合、一生懸命がんばったね」

もちろんこのほめ方がダメなわけではありませんが、**自己肯定感をアップさせるために少しだけこころがけてほしいのは、より具体的に伝えてほしいということ**です。

「昨日、いつもより30分多く宿題をやってたよね。お母さん、すごいなって思った」

「今日のサッカーの試合、後半のパスが決まってたよね」

いかがですか？　ただほめているのと、ちょっと違いますよね。

先に、承認の声かけが、「お子さんのいいところに気づくこと」だとお話ししました。具体的に伝えることの意味は、ここにあります。

つまり、

「お母さん（お父さん）は、ちゃんとあなたのことを見ているよ」

「いつもあなたを気にかけているよ」

ということを子どもに伝えているのです。

大好きなお母さん、お父さんが、見ていてくれている。そして認めてくれている。それは子どもにとって、生きる力につながります。

どんなにがんばって努力して、テストで100点をとろうと、かけっこでいちばんになろうと、だれも見ていてくれなかったら、自己肯定感は下がっていきます。

一方で、テストで30点だろうと、走るのが遅かろうと、親の声かけ次第では、やる気につなげることだってできるのです。

0・1ミリでもいいから成長したところを探す

声かけのポイントはもう1つあります。

それは、**0・1ミリでもいいから、成長したところを探すこと。結果ではなく、プロセスをほめること**です。

前項の「気づくこと」につながりますが、ほんの少しの成長を伝えるためには、子どもをちゃんと観察して気づいてあげる必要があります。

成長やプロセスをほめるときにやってしまいがちなのが、ほかのだれかと比較してしまうことです。

だれかと比較することがよくないことは知っている親御さんは多いかもしれませんが、たとえばこんなほめ方をしていませんか?

「まだ小学校に入ったばかりなのに、こんなにきれいな字が書けるの? すごいわね!」とか、ピアノの発表会で「あなたがいちばん上手だったわよ」とか、おもちゃを片づけた子どもに、「あなたはいわなくてもちゃんとできるのね」とか。

一見、具体的な友だちやきょうだいと比べているわけではないから、よさそうに見えますよね。

でもじつはこれ、親御さんのなかで**無意識にだれかと比べている**のです。

こんなふうにほめられたらお子さんは、「きれいな字を書きつづけなければいけない」「ピアノ教室のだれよりもうまく弾きつづけなければいけない」「いわなくてもできる子でいなければならない」と思ってしまいます。

これでは子どもの自己肯定感につながらないどころか、その子はいつも自分をだれかと比較することでしか、自分を肯定できなくなってしまうかもしれません。

人と比べるくせが抜けないまま思春期になってしまうと、「恥ずかしいよ、こんなダサい格好」「どうせみんなもやってないし」などといったりします。つまり、判断基準がいつも「他人の目」なのです。

比べるとしたら、「昨日（過去）のお子さん」と比べましょう。

ほんの少しの成長に気づくためには、肯定的なことをいつも探すことが大事です。

1メートルの成長である必要はありません。0・1ミリでいいんです。

難しいことではありません。コツは〝その子〟を見ればいいだけ。

「昨日より5分早く起きられたね」でもいいですし、もっといえば「『おはよう』の〝は〟が昨日より大きな声でいえたね」なんてことでもいいんです。

もちろん親御さんも忙しいので、毎日じっくり子どもを観察することなんてできないのもわかります。だからこそ、いっしょにいられるわずかな時間、朝起きたとき、食事のとき、送り迎えのとき、歩いているとき、手を洗うとき、おふろの時間、遊ぶ時間、テレビを見る時間、おやすみ前の時間、いつでもいいです。

子どものいいところを探し、**0・1ミリでも成長したところはどこかな？　と探すゲームのような感覚で楽しんで**みましょう。

どんな言葉を使うかより
トーン・雰囲気が大事

声をかけるとき、どんな言葉を使うかよりも大切なのが、トーン・雰囲気です。

ポイントは、やさしい雰囲気で、明るい笑顔で、ゆっくり。

同じ「ありがとう」でも、きついいい方や早口でいわれるのと、やさしくゆっくりいわれるのとでは、受けとる側の気もちはまったく違います。それは、大人同士でもそうですよね。

どんなに子どもに承認の声かけをして、0・1ミリの成長に気づいてほめることができたとしても、**声のトーンですべてが台無しになってしまう**こともあります。

こころに余裕がないとき、忙しいとき、親自身になんらかのストレスがあるときなどは、どうしても声に表れてしまうことがあります。

そんなときは無理してがんばらなくてもいいのです。

具体的にほめるってどうしたらいいかわからない、子どものほんの少しの成長に気づくのが苦手、という親御さんは、まずはやさしく、笑顔で声をかけてみることからはじめてみましょう。

Q1

子どもをほめるときに「すごいね」などという言葉を使いがちですが、うれしそうにしないことが多いです。もっと具体的に伝えたほうがいいのでしょうか。
（9歳女児）

子どもをほめるときに、「すごいね」「えらいね」「がんばったね」などといった言葉をかけているお母さん、お父さんはとても多いです。

「ほめるといい」ということはみなさんよくご存じなので、とにかく「すごい」「えらい」というほめ言葉を使って、なんとかお子さんをやる気にさせようと思いがちです。

そもそも「すごい」「えらい」という言葉は非常に抽象的で、あいまいなものです。

何に対して「すごい」のかが伝わらないので、いわれた子どももピンと来ないのでしょう。

ここまでお話ししてきたように、具体的にプロセスに気づき、ほんの少しの成長を伝えましょう。

たとえば「昨日、宿題がんばってやってたよね。必死で机に向かってるの見て、すごいなーって思ったんだよね」といってあげる。

どんなささいなことでもかまいません。

漢字ドリルをやっていたら、「あれ、漢字の線が今日は濃くなって、読みやすくなったね。1文字1文字を、ていねいに書けるようになったんだね。すごいね」といった具合です。

要は「すごいね」の前に、何に対してすごいのか伝えてあげることです。

ただほめればいいと、「すごいね」「えらいね」などと言葉で伝えても、プロセスを見ていないことは、子どもにはちゃんと見抜かれています。「お母さん、適当にほめているな」と、わかっていますよ。

お母さん、お父さんがちゃんと見てくれていると実感できると、子どもの自己肯定感は上がっていきます。

親のボキャブラリーも試されるので、最初はちょっと大変かもしれませんが、大切なのは、子どもに「ちゃんと見ているよ」と伝えることです。

子どもは、ていねいに見てもらいたい生きものだということを認識しましょう。

もちろん忙しいときは、ざっとしか見られないこともありますし、本当はまったく見ていないこともありますよね（笑）。でもいいんです。ここは少しだけテクニックを使いましょう。

子どもにはナイショですが、「ていねいに見ている」ふうなことを伝えられれば十分です。仕事で疲れていても大丈夫。伝えるときだけ、少しだけやさしく、明るい笑顔で「このドリル、前回より濃く書けてすごいね」といってみる。

それだけで子どもはうれしそうにしますし、親子関係ももっとよくなるはずですよ。

そんなに大げさに考えなくても大丈夫です。具体的に伝えることを意識していくだけ。そして、**いちばん大切にしてほしいのは、やさしいトーンと明るい雰囲気**です。

自己肯定感が高まるポジティブな言葉かけ10

わたしたちは言葉で思考しています。ですから、ふだんからお母さん、お父さんなどまわりの大人からどんな言葉をかけられているかは、とても重要です。

少し厳しい表現になりますが、**親が不適切な言葉かけをすると、子どもは不適切な言葉や思考を覚えてしまいます。**

ここでは、自己肯定感が高まるポジティブな言葉かけを10個ご紹介します。実際、わたしがお子さんとのセッションでも意識してかけていた言葉ばかりです。ぜひ参考にしてみてください。

①「~しようね」

「~をしてはダメでしょ!」。こんなふうに親はよかれと思って注意をします。でも、子どもからすれば何を求められているのか想像できませんし、お母さん、お父さんが怒っていること、自分が否定されたことだけが強烈に子どもに伝わってしまいます。

「～しないで」「～してはダメ」といった否定の表現より、「～しようね」とすべきことをポジティブに具体的に伝えましょう。

たとえば、「騒がないで」「走り回っちゃダメ」→「静かに聞こうね」「ここでじっとしていてね」というように。そのほうが何をしたらいいのかはっきりわかり、学びにもつながります。

②「あなたの〇〇を見ているよ」

先にも少し触れましたが、努力やプロセスを見ていたことを伝えます。

たとえば「あなたががんばってきている姿をわたしは見ていたよ」というように、**努力を認めていたり、プロセスをきちんと見てくれていたりすると、子どもはさらにポジティブになっていきます。**

③「あなたの〇〇はすばらしいね」

これは目に見えないものをほめるときに伝えます。

たとえば「あなたの考え方はすばらしいね」というように、子どもの思考や感情に対して賛美すると、その子の想像性はさらに豊かになっていきます。

ピンと来ない方は、自分がいわれたら……と想像してみてください。大人だって、洋服や持ちもの、見た目をほめられるより、目に見えない考え方や感じ方、感性をほめられるとうれしいでしょう。子どもならなおさら、目に見えないものをほめられたら、そこをもっと伸ばそう、と思うものなのです。

④「あなたの意見はとても素敵だよ」

じつはこれはとても大切なワードです。

そもそも、お母さんやお父さんが、このように子どもの意見をほめる場面は、まず見たことがありません。学校の先生にたまにいらっしゃるくらいではないでしょうか。

子どもの意見に対して「素敵だね」「すばらしいね」「大切なことだね」などと言葉かけをすることは、子どもの自己表現をうながすことにつながります。これは子どもが自己表現をしていく過程で、とても大切なのです。

⑤「大丈夫だよ」「次はうまくやれるよ」

これは、子どもが何か失敗したときの声かけです。**失敗しても問題ないよ、次があるからね**という、再チャレンジすることへのポジティブな声かけです。

10歳前後になり自我が芽生えてくると、大なり小なりいろいろなチャレンジをして失敗したときに落ち込んだり、プライドが傷ついたりすることもあります。そのときに失敗しても大丈夫、次があるよという言葉かけを親ができるようにしておけば、失敗によって自己肯定感が下がることはないでしょう。

ただし、気をつけてほしいことがあります。なんの努力もしていない段階で大丈夫といったり、課題点を振り返らずに次はうまくやれるよということは、子どもの不安や心配の種になりますので注意してくださいね。

⑥「～してくれてありがとう」

これは文字通り、子どもがしてくれたことに関して、親が素直に感謝を伝えることです。

「やって当たり前」「大したことではない」ということはありません。

子どもがしてくれたことでお母さん、お父さんは助かった、支えてくれてありがとう、という気もちを、言葉にして伝えましょう。自己肯定感が高まるのはもちろん、**子ども自身も、だれかに「ありがとう」がいえる大人に育ちます。**

⑦「〇〇をしたことが大切なんだよ」

これも②に通じるものですが、努力やプロセスなど、子どもがやったことそのものに対して、大切なことだと伝えます。

たとえばテストの結果が望んだものより低かったり、目標に達していなかった場合でも、「今回のテスト、一生懸命やったよね。そのことが大切なんだよ」と、伝えるのです。

テストの結果ではなく、一生懸命やったことにフォーカスすることで、どんな結果でも肯定的にとらえることができます。これが子どもの肯定脳、肯定感情をつくるためにはとても必要なことなのです。

しょうか。

⑧「いつも自分を信じ大切にしていいんだよ」

お母さん、お父さんが子どもにこの言葉をかけることは、まずないのではないでしょうか。

「わたしはあなたを信じているからね」と子どもに伝える親御さんは多いのですが、10歳を過ぎたら、いつも自分で自分を信じていいんだよということを連呼してもいいくらいだと思っています。

すると子どもは、**自分自身を大切にすることや、自分を信じてちゃんと生きていこうとする力がつきます。**

⑨「あなたの個性はとてもすばらしいよ」

子どもの個性や特性に対して、肯定的な声かけをしましょう。

たとえばいつもほかの子よりもゆっくりで動作が遅い子に対して、「あなたはいつも自分のペースでじっくりとり組めるのね」。ひといちばい敏感で繊細な子に対して、「感受性（感じる心）が豊かだね」などと伝えます。

これは「リフレーミング」と呼ばれるもので、短所に見えるものを長所ととらえてポジティブ変換する方法です。

子どもが小学校に入るころには、まわりの友だちと比較して、自分の個性や特性を自覚しはじめます。点数などの数字や運動能力などでわかりやすく評価され、否定的なことを言われることがあるかもしれません。

でも少なくとも家庭でお母さん、お父さんが肯定的にとらえている空気があれば、子どもは自己肯定感を下げることなく、個性を発揮していけるようになっていきます。

⑩「いっしょに楽しもうね」

子どもが何かをやるときに、ぜひいっしょに楽しんでください。これはストレートに自己肯定感が高まる言葉です。**「ここにいていいんだ」「ここにはぼく（わたし）の居場所があるんだ」と無条件に感じることができ、自信があふれてくる言葉**です。

子育てをしていると、どうしても「まったくもう！」「いい加減にして！」など、自分のネガティブな感情を吐き出してしまうこともありますよね。

ネガティブな言葉は、子どもの脳を育てないことが研究でもわかっています。**「言葉のかかわりはポジティブに具体的に」、これがきほん**です。

少しずつでいいので、今日から自己肯定感が育つような言葉を伝えていきましょう。そうすることで、子どもの肯定感情と肯定脳はどんどん育っていきます。

とはいえ、ポジティブな伝え方にはコツがあり、それに慣れることが必要です。そこで、ついついいってしまいがちなネガティブな声かけをポジティブな声かけに変換する**「リフレーミングシート」を用意**しました。

ぜひ、お子さんへの毎日の声かけの参考にしていただけたらと思います。

ムカつく	➡ ママ悲しいな！
いくじなし！	➡ 勇気だしてやってごらん！ きっとできるよ！
あなたには無理	➡ あなたにもきっとできるよ！
優先順位がわからないの？	➡ 自分でやる順番考えてるんだよね！
のろま	➡ しっかり考えてるんだよね！ 自分のペースでいいんだよ
勉強しなさい！	➡ 自分のやりたいことを見つけてするのがいちばんの勉強だよ
何考えてるの？	➡ ○○ちゃんの思っていること教えてくれる？
返事をしなさい！	➡ わかってるんだよね
忘れものが多すぎ！	➡ いっしょに準備してみる？
～ばかりしないの！	➡ ～してるのが楽しいんだね
～ばかり食べないの！	➡ ～おいしいんだね！ 好きなんだね！
片づけなさい	➡ いっしょに片づけようか？
好きにしなさい！	➡ 自分で考えてやっていいよ！
ちゃんと自分で決めてやりなさい！	➡ 自分で決めてやると楽しいよ！
1度はじめたことは最後までやる！	➡ やめたくなったらいってね！
そんなこともできないの？	➡ 何かわからないことがあるの？ 手伝おうか？
そんなことでだまされないよ	➡ ここまでやったんだね！ がんばったね！

リフレーミングシート

いいかげんにして！	➡ どうしたの？ 何かあったの？
何度いったらわかるの？	➡ 何かやりたくない理由があるのかな？
サッサとして！	➡ もうすぐできそうかな？
聞いてるの？	➡ 何に夢中になってるのかな？
さっきもいったよね？	➡ おはなし聞こえてたかな？
早くしなさい	➡ 〜したら次何しようか？
いうこと聞きなさい	➡ ○○ちゃんの気もちはどうなの？
お姉ちゃんでしょ！ お兄ちゃんでしょ！	➡ ○○ちゃん頼りにしてるよ！
どうせできないでしょ！	➡ きっとできるよ！
やっても無駄でしょ！ 時間の無駄！	➡ やってみないとわからないよね！
嘘つき！	➡ へ〜そうなんだ！ 知らなかった！
いい訳なんか聞きたくない！	➡ ○○ちゃん、そんなふうに思ってたんだね！ 教えてくれてありがとう
もう聞きたくない！	➡ ママちょっと疲れちゃった。あとでお話聞かせてね。
いわれたらすぐやる！	➡ いまはほかにやりたいことがあるんだね！
ちょっと待って！	➡ もうすぐだからね！ 待たせてごめんね！
いつになったらできるの？	➡ もうすぐできるかな？ 待ってるよ！
いってることわかる？	➡ もう少しわかりやすくお話ししようか？

自立する子どもに育つ3つの言葉かけ

子育てのゴールは子どもの自立です。そして**その子が自分の人生の主人公となって生きていけるようになること**です。

そのために必要なのは、子どもを自分の思い通りに動かす言葉ではありません。子どもが自分で決めて行動できるようにうながす言葉です。

わかりやすい例では、「ごはんだから、もう片づけて」ではなく「そろそろごはんだけど、どうする?」というような問いかけです。

小さいお子さんで、まだ遊びたいようなら「まだ遊びたいんだね」と、その気もちをいったん受け止めます。そのうえで「じゃあ、終わったらおいで」と、自分で終わりの時間を決められるようにします。

こうした声かけは、子どもに自己決定する力をつけるだけでなく、**何よりお母さん、お父さんが楽になります**。なぜなら、子どもを急がせたり待たせたりする必要がなくなるからです。

忙しいし、急ぎたい大人の事情もよくわかりますが、「もう学校に行く時間だよ」「早く、早く！」などと時間で子どもを動かそうとすると、子どもが自己決定する機会を奪ってしまいます。

ここでは自己決定することができ、自立できるようになる3つの言葉かけを紹介します。

①「あなたの考えていることを教えてもらってもいいかな」「あなたの意見を聞かせてもらってもいいかな」

あなたの考えていること、意見を聞かせてほしいとうながすことは、子どもに自分自身の意見を見いださせる機会や、選択肢を与える機会を養うことにつながります。

②「（使ってみたときのことを）考えてみようか」

文房具でもおもちゃでも、何かを買うときなどにかける言葉です。

たとえばペンを買おうとしたときに、「実際にこのペンで書いてみたときのことを考えてみて」などと伝えます。

そうすることで、**子どもは自分の頭のなかで想像し、自己決定する力がついてくる**のです。

③「どんなよいことと、よくないことがあるかな？」

迷ったときの声かけです。小さいお子さんには難しいですが、10歳くらいになったら、こんな声かけをしてあげましょう。

大きなことでなくてもかまいません。買いものをするときでさえ、迷っているときに「もう、さっさと決めて」などといっていませんか？

子どもによいこと（メリット）とよくないこと（デメリット）を聞くなんて……と思われる親御さんもいるかもしれません。

迷ったときピンと来たほうを選ぶ、ということがあってもいいですが、**子どものときからメリットとデメリットを考える習慣をつけてあげることは、自己決定できる力をつける後押しになる**でしょう。

自信とやる気をつくる7つの親の口ぐせ

何げないひと言は、自己肯定感を上げもすれば、下げもします。

子どもの自己肯定感を上げるには、じつは親の自己肯定感がとても大事です。親の自己肯定感が低くなっていると、子どもの自己肯定感も低くなっていきます。

自己肯定感は世代間をまたいで連鎖していくのです。お母さんの自己肯定感が低い場合、そのまた母親であるおばあちゃんの自己肯定感も低かったのかもしれません。

「代理強化」とは心理学用語で、ほかの人の行動とその結末を観察して学習することをいいます。別名、「観察学習」や「モデリング」とも呼ばれ、関係性が密接であればより強く働きます。

もちろん親子の関係性のなかでも代理強化は強く働きます。

お母さん、お父さんの姿を見て、子どもはマネをし、ポジティブなところもネガティブなところも吸収してしまいます。

もしお母さん、お父さんが「自分の自己肯定感は低い」と感じているなら、いまから自己肯定感を高めて、次の世代につなげてください。

とはいえ、いますぐ自己肯定感をアップするなんて、とてもできないと思われる方もいるでしょう。そこで即効性があるのが、お母さん、お父さんがふだん何げなく口にする言葉。そう、口ぐせを変えるのです。

からだは食べものからつくられますが、**こころは口ぐせからつくられる**と、わたしは思っています。

自分自身が口にする言葉は、自分でコントロールできます。ですからぜひ、お母さん、お父さんがふだん何げなく発する言葉を、少しずつでいいので意識してみてください。

子どもの自信とやる気をつくる口ぐせと、そのポイントは7つあります。

①「傾聴↓承認↓質問」の法則

傾聴、承認、質問は「9：3：1」の割合で愛情を込めて行いましょう。

どういうことかというと、子どもの話に対して、9倍くらいの気もちで傾聴（その子のこころのなかを聞く）し、3倍くらいの愛情の承認を与え、やさしいトーンと明るい雰囲気で1つ質問をするという法則です。数字はあくまでも目安なので、そのくらいのつもりで対応してほしいという意味です。

たとえば忙しいときに「お母さん、今日こんなことがあったんだ」と子どもが話しかけてきたとき、どんなふうに聞いてあげますか。

ここで**大切なのは、言葉だけでなく、声のトーンと表情です**。同じ「そうなんだ、よかったね」と答えるにしても、「そうなんだー♪　よかったね〜♡」と、やさしく受け止めてあげてください。文字ではトーンがなかなか伝わらないので、絵文字で表現してみましたが、あなたなりのやさしい受け止め方でOKです。

「そうなんだ」「そんなことがあったのね」という受け止め言葉は、ぜひ口ぐせにして、傾聴→承認→質問の順番と量を意識しつつ、大切に受け止め、そのあとに質問してあげると、たったそれだけで子どもの自己肯定感や特性が発揮されていきます。

②脳の仕組みを知り、肯定的な言葉でコントロールする

少し難しい言葉ですが、RAS（脳幹網様体賦活系）という脳機能があります。RASには、**自分が興味や関心がある情報を無意識に多くインプットする**役割があります。自分が積極的に注意を向けているものを、いちばん重要視するという、フィルターのようなものです。

簡単にいえば、五感から入ってくるあらゆる情報のなかで、必要な情報だけに意識を向ける、逆にいえば必要のない情報は入ってこないようにするのが、RASの役割です。

この機能を活用します。つまり、**ポジティブな言葉かけ、肯定的な言葉を親が使うようにする**のです。親がポジティブな部分を見いだすと、子どももどんどんポジティブなことを探し、ポジティブになっていきます。親からの肯定的な言葉や話を聞くことによって、子どもは肯定脳になっていくのです。

逆にいえば、ネガティブな言葉のシャワーを浴びてしまうと、どんどん自己肯定感が下がっていきます。残念ながら、ネガティブな言葉や否定系の言葉は、ポジティブな言葉や肯定的な言葉よりもインパクトが強いので、それだけ印象に残ってしまいま

す。すると、ネガティブな情報だけを集める否定脳になってしまうので、注意しましょうね。

③子どもの目が輝いた口ぐせを毎日伝える

あなたのお子さんは、どんな言葉かけをしたときにうれしそうに目を輝かせますか。それを少しだけ意識してみてください。そしてその言葉を毎日伝えるようにしましょう。

短い言葉でいいのです。

たとえば、お子さんが話してきたことに対して、「よかったね」「それはうれしいね」「大丈夫だよ」「すごいわね」「さすがだね」など、どの言葉を伝えたときに、うれしそうに目を輝かせるか。お子さんをしっかり観察してみるのです。

子どもの目が輝くときは、脳に快のスイッチが入ったとき。そうなるとプラスの連鎖になり、子どもの肯定感情と肯定脳が育まれていきます。いかがですか。いまからお子さんの目がキラッと輝いた言葉をメモしましょう。そして、毎日伝えることをこころがけましょう。

④義愛の言葉と慈愛の言葉を区別する

義愛の言葉とは、脳でいうと左脳的な言葉です。左脳的とは冷静で論理的なもの。

一方の慈愛の言葉は右脳的な言葉で、感情豊かで情緒に富んでいます。

たとえば明日、子どもの大切な野球の試合があり、勇気づけたい場合。

義愛の言葉なら「この1か月間、学校が終わってから毎日1時間も練習して、その密度もすごく濃かったと思うよ。明日の試合に勝てるだけの練習を積み重ねてきたんだから、自信をもっていこう」などと、具体的に論理的に言葉を駆使して勇気づけます。

慈愛の言葉の場合は「一生懸命やってきたから、大丈夫。そのままでリラックスしていこうね」などと感情的、情緒的な言葉を使います。

どちらがいい悪いではなく、両方を必要に応じて使い分けられるように意識しておくとベストです。

義愛の言葉＝建設的な言葉、慈愛の言葉＝情緒的な言葉を、お母さん、お父さんがうまく使い分けてみましょう。

たとえば、お父さんが義愛の言葉を話したら、お母さんが慈愛の言葉を使う。

またもう少し工夫し、学校の先生が義愛の言葉が多い先生なら、塾の先生は慈愛の言葉が多い先生を選ぶなど、親御さんがお子さんの指導者を客観的に見て、義愛タイプか慈愛タイプかのバランスを保つようにすると、お子さんの自信とやる気がぐんぐん成長していきます。

⑤「〜したい」ではなく「〜する！」といい切る

お母さんがダンスを習いたいと思っているとします。

このときなるべく「お母さん、ダンス習いたいな」ではなく「お母さん、ダンス習う」というようないい切りの言葉を使います。

「やりたい」ではなく「やる！」です。

逆に「お母さん、ダンス習いたいんだけど、運動神経悪いし、お金もないし、時間もないから、無理だよねー」なんていっていたら、どうでしょうか。こんな大人のあきらめ言葉を、子どもが日常的に聞いていたら……。

脳は一人称と二人称を区別できません。つまり「自分」と「他人」の区別がないので、これを上手に利用しない手はありません。

お母さん、お父さんがつねに「やるぞ！」というようなやる気に満ちた肯定的な言葉を使っていると、子どももやる気が起き、肯定感情になり肯定脳に影響を与えます。

自信とやる気は、お母さん、お父さんがしっかり伝えていかなければ、子どもに伝わりません。つまり、お母さん、お父さんが自信とやる気に満ちあふれれば、子どもにはそれ以上に自信とやる気が伝染していくのです。

⑥言葉と同時にプラスのストロークを与える

プラスのストロークとは、笑顔やスキンシップなどポジティブな触れ合いのこと。これまでにも触れた、声のトーンもそうですが、言葉に加えてちょっと肩に触れながら伝えるといったスキンシップをするようにしましょう。

スキンシップをすることで愛情ホルモンといわれるオキシトシンも分泌されやすくなるので、親子にはおすすめです。オキシトシンは自律神経を整えるうえでとても重要な役割を果たしています。**スキンシップが多い子は、セルフコントロールが上手になる**と心理学でもいわれています。

子どもが大きくなるにつれ、とくに母親と息子、父親と娘など異性の親子間ではスキンシップがしづらくなり、だんだん減っていくのは避けられません。

ですから、スキンシップをしやすい10歳までにたくさん触れ合っておくことが、とても重要になってきます。10歳までのプラスのストロークは、人生100年時代だと考えると、残り90年ではできないものです。**お子さんとの時間は案外短いものです。**大切にしましょうね。

⑦You（あなた）ではなく、I（私）メッセージを伝える

「（あなたに）こうしてもらいたい」というYou（あなた）メッセージではなく、「（わたしはこう思う」「こうしてもらえると、わたしはうれしい」といったI（わたし）メッセージで伝えるようにしましょう。

よくいわれることですが、どうしても、親が子どもを言葉でコントロールしてしまいがちな親子間では、できていない人が多いのではないでしょうか。

I（わたし）メッセージを使うようにすると、子どもを非難したり、責めたりすることなく、希望や意見を伝えることができます。子どもは判断を自分にゆだねてもらった、自分を尊重してもらえたと感じます。すると、感情のコントロールがうまく

できるようになり、自己肯定感も高まって、自信とやる気がみなぎってきますよ。

Q2

失敗してもいいんだよ、大丈夫だよ、という言葉を安易に使ってしまいがちですが、「励まして」いるよりも「なぐさめて」いるような気がしてしまい、モヤモヤします。（10歳男児）

「失敗してもいいんだよ、大丈夫だよ」と伝えるのはいいのですが、抽象的すぎて、お子さんにしっかり伝わっていないのかもしれません。

ここまでお話ししてきたように、失敗したそのことよりも、**それまでお子さんがとり組んできたことやプロセス、努力に注目してあげるような言葉かけが必要**です。子どもががんばってきたことを、お母さんは見ていたよ、だから結果が失敗だったとしても大丈夫だよ、ということを伝えられるといいですね。

次に、お母さんがモヤモヤしないためには、未来につながるような言葉かけをするといいでしょう。人生はうまくいかないこともたくさんあります。むしろうまくいかないことのほうが多いかもしれません。わたしは子どものうちだからこそ、失敗はたくさんしたほうがいいと思っています。

大切なのは、それをどうとらえるか、そこから何を学んだかです。そのためには大人が視点を変えてあげることも必要でしょう。そのときに否定語を使わず、肯定語に変えるようにするといいですね。64〜65ページで紹介した「リフレーミング」にも通じます。「失敗」という、一見ネガティブな結果をポジティブにとらえ直すのです。

「サッカーの延長試合で負けちゃったけど、最後まで絶対にあきらめないこころが身についたね。いい勉強になったね」

「音楽発表会で失敗しちゃったけど、みんなと協力して一生懸命演奏しているのは伝わっていたよ。たくさん拍手してもらえたよね。楽器が上手かどうかも大事だけど、こころを込めて演奏するのも大事だってわかったね」

また「今回はうまくいかなかったけど、次はどうすればいいと思う?」といったように、失敗した経験を次にどう生かすか、**未来に目線を向ける言葉をかけることで、子どもはリラックスして次のチャレンジができるようになります。**

失敗したことで、うまくいった場合よりも深く学ぶこともできるのです。失敗をそんな学びの機会にしてあげたいですね。

このご相談に限りませんが、親というものは、子どもを前にするとどうしても「感情」が先に立ってしまいます。落ち込んでいれば心配になり励ましたいし、困っていれば助けたい。そうなると、「子どものプロセスや努力を認めて伝える」なんてことはすっ飛ばして、「励ます」「助ける」ほうに気もちがいってしまいます。

だから「大丈夫だよ」「次はできるよ」「気にしない、気にしない」などと安易に励ましてしまうのです。でも、その励ましに根拠がなければ、子どもは納得しません。親がただその場を収めるために発した言葉かどうかは、子どもにもわかるものです。

お子さんと接するときには、「心理学の達人」になったくらいのつもりで、できる範囲でいいので冷静に接してあげましょう。

「失敗したときは努力やプロセスに注目して伝えよう」

「失敗したときこそ、次にどうするかを考えるいいチャンス」

という親のこころの準備ができていれば、感情的になってしまうことがあったとしても、精神的なマネジメントができます。

また、**大人の失敗談もぜひ子どもにたくさんしてあげてください**。大切なのは、大人も失敗するけれど、それをどうとらえるか、その姿も見せてあげること。たとえば、「お母さん、今日仕事でこんな失敗しちゃった。落ち込んでいたけど、同僚になぐさめてもらったら元気が出たんだ。だから今度はだれかが落ち込んでいたら、励ましてあげようと思う」とお母さんが話せば、子どもも、「失敗したって大丈夫」「だれかが失敗したら励ましてあげよう」と思うでしょう。

失敗したときにこのような対応がすぐできるように、わたしがおすすめするのは次の**「もしもカード」**です。これは、「イフゼンプランニング」という方法で、失敗したときにとるべきことを先に決めておくというものです。たとえばお子さんなら、「失敗したらいい経験だったと考えて、もっと練習をがんばる」とか、お父さんであれば、「子どもが失敗したら、努力やプロセスに注目して、次にどうするかをいっしょに考える」など。

こうして準備することで、「失敗したらどうしよう……」という不安が小さくなり、本番もリラックスして挑むことができるようにもなります。

もしもカード

イフゼンプランニング

「(if)もしXが起きたら、(then)Yをする」というように、うまくいかなくなったときのためにあらかじめ用意しておくカードです。

もし　明日の発表で緊張　したら
いままでたくさん練習をしたから大丈夫と言葉に　する。

もし　　したら
　　する。

もし　　したら
　　する。

もし　　したら
　　する。

もし　　したら
　　する。

もし　　したら
　　する。

もし　　したら
　　する。

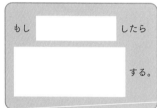

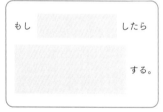

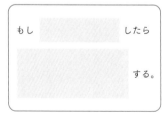

Q3 寝つけないようで、子どもがなかなか寝てくれません。（10歳女児）

何よりも安心感を与えてあげることが大切です。眠れないお子さんに「早く寝なさい！」といっても無理です。「眠れなかったら目をつぶっているだけでいいんだよ」などと声をかけ、安心させてあげましょう。

やさしく声をかける、心地よい寝具やリラックスできる照明、寒ければ暖めるなど、お子さんが不安にならないように、ゆっくり眠れる環境づくりをしてあげましょう。それだけでも、かなり変わってくると思います。

次に、寝つきの悪い原因を考えてみましょう。

10歳くらいのお子さんなら、寝る前にスマホを見たり、テレビを見たりして、なかなか眠りにつけないこともあるでしょう。このような外的要因以外にも、何か不安なことがあったり、ストレスがあったりすると、寝る前にそれを思い出して眠れなくなるということが、これまで受けたご相談のなかでもよくありました。

そのときにわたしがアドバイスしたのは、**子どもが少しでも不安を忘れ、リラックスして眠りにつけるように寄り添うこと。**小学生くらいのお子さんなら、お母さんが楽しい話をいっぱいするのもいいでしょう。楽しい話をすることで、いい気分のまま眠りにつくことができるからです。

わたしがおすすめしている方法に**「スリーグッドシングス」**があります。やり方は簡単で、**ノートやメモ帳に「今日よかったこと」を3つ書き出すだけ**。「夜ごはんが大好きなハンバーグだった」「学校帰りに見た夕焼けがすごくきれいだった」など、どんな小さなことでもかまいません。これをすると、脳が勝手に「いいこと」を探すようになります。「今日もいいことがあった」「明日もきっといいことがあるはずだ」とものごとの受け止め方が変化し、自己肯定感が高まっていきます。

眠る前にノートに書き出すのが大変なら、お母さんといっしょに「よかったこと探し」をするのもいいでしょう。大切なことは、「ああ、今日もよかったなぁ」という気もちでふとんに入ることです。

そして軽くからだを動かすのも効果的。お子さんといっしょにストレッチをしてみたり、親子でマッサージをし合ったりするのもいいでしょう。10歳くらいのお子さんなら、スキンシップは効果的ですし、安心して眠りにつけるようになります。

今日のいいこと3つ書いてみよう

スリーグッドシングス

「今日のいいこと」を3つ、書いてみてください。
「今日のいいこと」を見つけるクセがつくと、
自分のいいところやみんなのいいところにも目が向いて、
ポジティブになっていきます。

月　　日
1
2
3

月　　日
1
2
3

月　　日
1
2
3

月　　日
1
2
3

月　　日
1
2
3

月　　日
1
2
3

Q4 うちの子どもは親の顔色を見て、自分の意見をすぐにいいません。わたしが怒りすぎているためでしょうか？（9歳女児）

自分の意見をいうときに親の顔色を見てしまうのは、お子さんの自己肯定感が低くなっているサインでもあります。

まずやってほしいのは、子どもの意見を一生懸命聞くことです。そもそも子どもの話を聞こうという姿勢が見られなければ、子どももなかなか話そうとはしないでしょう。

話を聞くときには、けっして否定的な反応はせず、ただ「聞く」ことが大切です。「何をわからないこといってるの！」「それは違うんじゃない？」などといったり、話をさえぎったりしないでくださいね。

話をしはじめたら次は、積極的に質問をするのもいいですね。

質問をするときは、なるべく肯定的なことを引き出すようにこころがけましょう。たとえば「どんないいことがあったの？」「何がよかったと思った？」などというように。

少しでも話してくれたら、「そうだったのね」「それはよかったね」と**共感してあげてください。**

そしてもう1つ。

もしかすると、なかなか自分の意見をいえないお子さんのことを待てずに、あるいはお子さんを助けるつもりで、お母さんが代わりに答えてしまっていることはありませんか？

「あなたはこう思ったんでしょ」「たしかこういってたわよね」などとお母さんが助け船を出してしまうと、本当は違うのに、親のいう通りにしてしまいがちです。

子どもがお母さんの意見を否定して、「そうじゃないよ、本当はね……」などと話せるはずがありませんよね。

この状態がつづくと、いつの間にか親の意見＝自分の意見になってしまいます。大きくなるにつれ子どもは、自分はいったい何をしたいのか、何を望んでいるのかわからなくなってしまうでしょう。

子どもがどこかでフラストレーションを溜めてしまうと、思春期になってそれが爆発したり、逆に自分のなかに閉じ込めて外に出せなくなってしまったりする可能性もあります。

親にとっては難しいことですが、**子どもがなかなか意見をいえなくても、言葉が出てくるまで「待つ」ことも必要**です。たったひと言でもいえたら、それはその子の意見。しっかり受け止めてあげましょう。

このお子さんにはこれまで築かれなかった自己肯定感を底上げしてあげる必要があります。何歳からでも間に合います。１７６ページの「自己肯定感を底上げするおうちでできる10の法則」など、この本で紹介している自己肯定感をアップさせる方法を１つでもいいので試してあげて、お子さんとしっかり向き合ってあげてください。

「すぐキレる子」が落ちつくようになる5つの接し方

「わが子はすぐキレてしまうんです……」「できないとキレてしまいます」といったご相談は多いものです。そこで、すぐキレてしまう子に対しての接し方を、5つ紹介します。

①まずお母さん、お父さんが自分の感情をコントロールする

子どもがキレたとき、親のほうは絶対に感情的にならず、冷静に対処するのが鉄則です。

難しいことですが、キレているお子さんを目の前にしたときは、まずそのお子さんではなく、**親御さん自身の感情のコントロールに意識を向けることが大切**です。

多くの場合、「なんでキレているの?」「どうすればいいの?」とお子さんの感情をコントロールすることばかり考えてしまい、親御さん自身が感情のコントロールがで

きなくなっています。まずは親が冷静になりましょう。

②子どもに対して理解を示す

キレること、つまり怒りを感じることは人間として自然なことなのだということを、子どもに伝えてあげてください。親御さん自身にも、こころのなかでいい聞かせましょう。

キレる感情、怒りの感情に対して受け入れる姿勢をもつことはとても重要です。怒りに限らず、感情というものは出てしまうものだということ。そのことをきちんと子どもに伝え、親御さん自身も理解をすることです。**怒りはみんなにある適切な感情だと受け入れましょう。**

③解決策をいっしょに考える

キレてしまった原因に対して、「どうすればこの問題が解決するか、いっしょに考えようか？」と声をかけてあげましょう。この声かけは、実際によく親御さんに試してもらっているのですが、とても効果が高い声かけの成功事例の1つです。

じつは、子どもがキレると、お母さん、お父さんもそれに反応してキレてしまうことがとても多いのです。このとき、いっしょに考える姿勢を見せることで、お子さんも冷静になれます。

このように**未来に視点を向ける質問が効果的な質問**です。ぜひ試してみてください。

④ポジティブな言葉を伝える

一般的にキレてしまった場合、それを肯定的に受け入れてもらうことはまずありません。受け入れてもらえなかった子どもは、何かあればますますキレるようになるだけでなく、自己肯定感は下がる一方です。

これまでの接し方につながりますが、まずはキレたことを受け止め、ポジティブな声かけをしましょう。たとえば「怒ってキレてしまうことは、だれにでもあることだよ」「自分の感情をどうコントロールするか、そのトレーニングだね」「これからこの気もちを、勉強（または部活やクラブなど）にどう転換できるか、いっしょに考えよう」などと、とらえ方のヒントを提示してあげましょう。

このように、お母さん、お父さんが、未来に役立つとらえ方を提案すると、徐々にキレることが少なくなっていきます。

⑤後日、キレたその場ではなく、時間がたって落ちついてから行うことです。

なぜキレてしまったのか、その理解を深めるための質問をします。たとえば「そういえばこのあいだ、〇〇のことですごく怒ったよね。あれって、なんだったんだろうね」というふうに問いかけてみます。

冷静な状態で、自分はなぜあんなに怒ってしまったのか、原因の分析をするのです。この問いかけによって、キレるという症状がなくなっていきます。

種明かしをすると、ここで紹介した5つの接し方は「自己肯定感を上げる」方法でもあります。どういうことかというと、キレるお子さんをどうにかしようとするよりも、**親の対応や言葉かけで自己肯定感を上げてしまったほうが効果的**だということなのです。

「すぐあきらめる子」が努力するようになる3つの方法

すぐあきらめてしまうお子さんへの方法は3つあります。

①応援する気もちを積極的に示す

いつも応援しているよ、という気もちを日ごろから表現してあげましょう。ポイントは、「がんばれ!!」「自信をもって！」「あきらめないで！」といった力の入った応援ではなく、あくまでも軽く、軽く、応援すること。名づけて**「ライト応援」**です（笑）。軽めのトーンで明るく、「がんばってね～」「応援してるよ～♪」という感じです。伝わりますでしょうか。

子どもがプレッシャーを感じることなく、親は楽しく明るく応援する。こうすることで、子どもは「受け止めてくれる場所がある」「気もちを共有してくれる人がいる」と安心して、あきらめない子どもになっていきます。

②「失敗は成功のもと」のメッセージを送る

これまでもお話ししたように、失敗はしてはいけないことではないこと、「失敗は成功のもと」だということを、ことあるごとにつぶやいてほしいのです。

小学生になれば、学校で、習いごとで、いろいろな場面でお子さんがチャレンジする機会も増えてきます。お子さんがうまくいかなくてあきらめてしまったり、失敗して落ち込んでしまったりすることもあります。そのたびにお母さん、お父さんは過度に反応しないことです。

お子さんが失敗して落ち込んでいるときに**さりげなく「失敗は成功のもとだしさ」というくらいに軽く共感**してあげるような感覚です。ここでも、あくまでも〝軽く〟がポイント。軽い共感をたくさんしてあげると、自己肯定感は高まります。

③試行錯誤の大切さを伝える

人生は0か100かではないことは、お母さん、お父さんならわかりますよね。失敗したからダメ、成功したからOKではないということを、子どものうちから伝えてあげることが大切です。

お子さんが小学生になったら、「人生って、なんでもするするうまくいくものでもないんだよ。試行錯誤することが大事なんだよ」ということをいってもいいくらいです。「試行錯誤」が難しければ、**「何度も挑戦して失敗を繰り返しながら、だんだんうまくいく方法を見つけていく」ということを伝えてあげましょう。**成功することよりも試行錯誤してたどりつく、その努力やプロセス、つまり、いかに成長したかのほうがずっと大事なんだということを、ことあるごとに伝えてあげるのです。

すぐにあきらめてしまうお子さんは、「失敗してはいけない」「試行錯誤なんてできない」と思ってしまいがちです。でもそんなときに、ふと「そういえば、試行錯誤する努力が大事ってお父さんがいってたよなあ」と思い出すことができれば、そこからあきらめない道を選んでいけるようになるでしょう。

以前ご相談を受けた小学生のお子さんで、バイオリンを習っていた子がいました。すぐにあきらめてしまい、レッスンがつづかない、レッスンを嫌がるようになったというお母さんからのご相談でした。

そのとき、お母さんには、たとえば「今日はよく2時間もバイオリンの練習ができたね」というように、今日努力したことを具体的に、できれば数字を入れてほめましょう、と伝えました。

それでもバイオリンは上達せず、レッスンがうまくいきませんでした。そこで次に、「うまくいかないこともあるよ。練習してもうまくいかないこともあることがわかったね」と、肯定的にとらえた言葉で話してくださいと伝えました。

それから目標設定をしました。「次のレッスンまでに、2ページだけ進めよう。2ページだけはできるようにしよう」と、スモールステップで少しずつ失敗しないでできるようにしていきました。お母さんには失敗を肯定的にとらえること、軽い気もちで応援することをつづけてもらいました。その後、そのお母さんから、お子さんがバイオリンレッスンを克服し、音大に進学したという報告をもらいました。

目標を設定し、目標を達成するために試行錯誤をしていく達成までのスモールステップには次の**「イメトレ文章完成法」**が役立ちます。ぜひ試してみてください。

子育ては感情論やそのときのはやりの教育メソッドではなく、科学的に正しく行っていくことをこころがけていけば、何があっても「大丈夫」になっていきますよ。

イメトレ文章完成法

ここに書き込むだけで、夢が具体的になっていきます。
書くことで成功のいいイメージがつき、
見るたびにやる気がアップします。

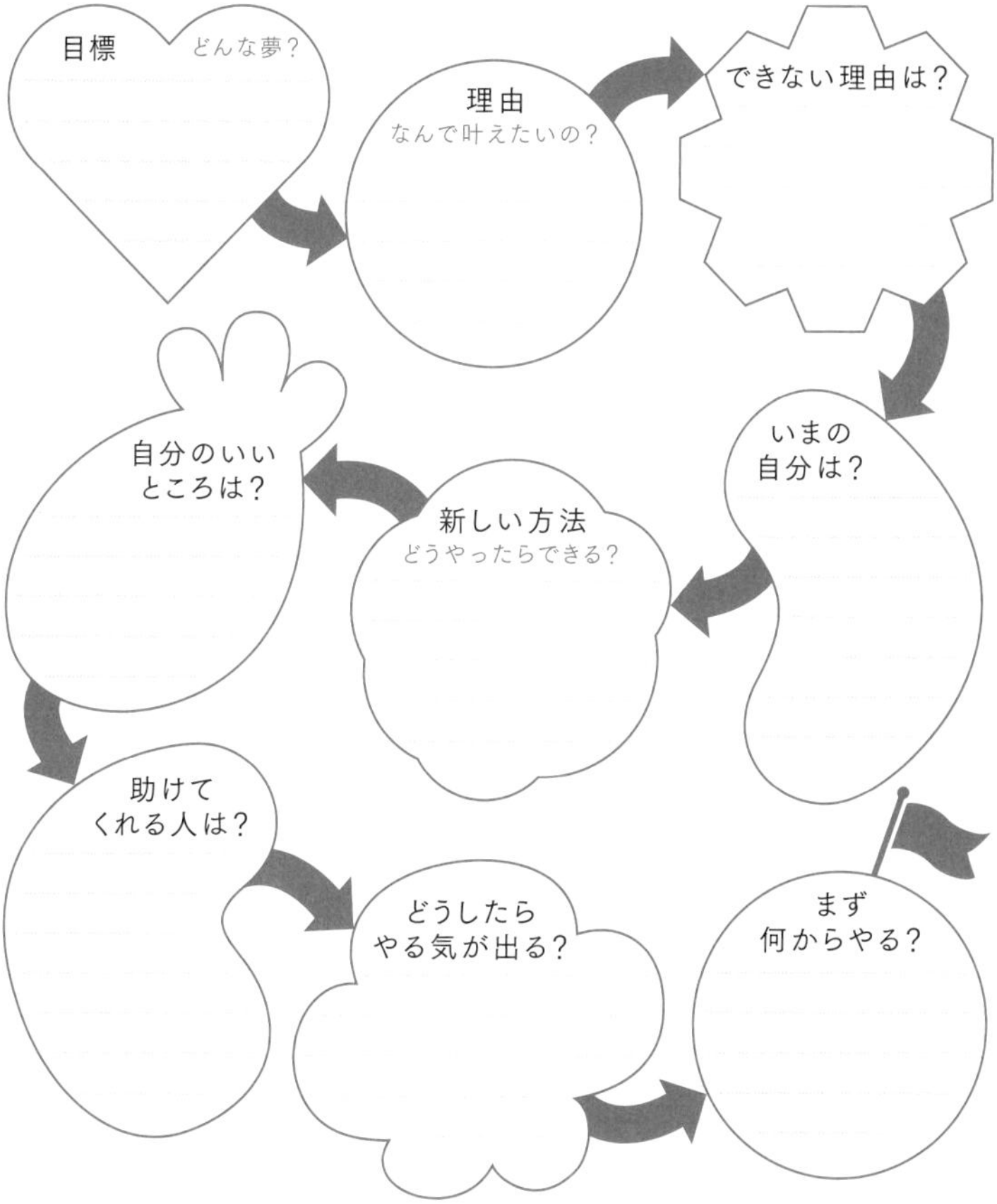
目標
どんな夢？
理由
なんで叶えたいの？
できない理由は？
いまの
自分は？
新しい方法
どうやったらできる？
自分のいい
ところは？
助けて
くれる人は？
どうしたら
やる気が出る？
まず
何からやる？

「わがままな子」が素直になる3つの方法

わがままなお子さんを自己肯定感が高い子どもに導く方法を3つ紹介します。

①肯定的なフィードバックをする

わがままなお子さんに対しては**否定的な言葉をかけず、肯定的にとらえた言葉かけをすること**です。小学校の男の子の例です。「片づけをせず、部屋を汚す。片づけなさいといってもいうことを聞かない」というご相談でした。

親としては「なんでこんなに散らかすの！」「何度いったらわかるの！」といってしまいたいところですよね。でもそんな言葉かけを毎日繰り返していたら、「ぼくは部屋を散らかす子、片づけられない子、何度いってもわからない子」という言葉のシャワーを浴びつづけ、自己肯定感は下がる一方です。

そこで親御さんに「片づけて！」と怒りたい気もちをこらえ、「今日はたくさん遊んだね〜よかったね〜」などといってもらうようにしました。まずはその子の存在を肯定し、次に行動を称賛するのです。片づけの声かけは、その後というわけです。

②わがままをいったことに対して、理解を示す

「なんで理解なんてしなくちゃいけないの？」という声が聞こえてきそうですが、これは理解を示すポーズでかまいません。

子どものわがままは一切聞かない、とシャットアウトしてしまうのではなく、わがままをいってきたら「なるほど、そうか」「うん、うん」と聞くだけでOKです。

わがままを頭から否定せず、フリでいいので「聞いているよ」という姿勢を示すことが大事です。**子どもは共感してもらえたというだけで、ここにいていいんだという自己肯定感のきほんである安心感（心理的安全性）が湧き出てきます。**

③一緒に考える

子どもはわがままをいうことで自分の意見を伝えたいのです。でもお母さん、お父さんとは考え方が違います。だから対立したり否定したりするのではなく「いっしょに考えてみよう」と提案するのです。どちらか一方の課題ではなく、親子共通の課題としていっしょに考えること。これはアドラー心理学の**「課題の分離」**という方法で、子育てにも使えます。

たとえば「ゲームを毎日制限なくやりたい」といい張るお子さんがいたとします。「ゲームが楽しいのはわかるよ。でもゲームに時間をとられて、勉強する時間がなくなるのは困るよね。勉強することは将来とても大切なことだから、ゲームの時間をどうするか、いっしょに考えてみようか」などと話し合っていきます。

じつは、ここで紹介した3つの方法は、ある万引少年の親御さんからご相談を受けて、更生していった方法です。わがままなお子さんというのは、全員ではありませんが、その背景に親御さんの愛情不足による欲求不満があることが多いのです。わがままをいうことで、親の気を引きたい、親に振り向いてほしいのです。

ですからこの3つの方法に加えて、ことあるごとに愛情を示したり、サポートする姿勢を示したり、忙しくても親子の時間をもつように意識してもらうと、より変化が早いでしょう。**子どもの承認欲求をいちばん満たしてあげられるのはお母さん、お父さんです。**

課題の分離ノート

お母さん、お父さん自身がいま直面している家庭内の悩みについて、課題を6つピックアップし、その課題は自分の課題なのか、相手の課題なのか、仕分けてみましょう。

【　　　　　　　　編】

下記の課題は、だれの課題か考えましょう

①

②

③

④

⑤

⑥

①	②	③	④	⑤	⑥

記入例

【親子 編】

下記の課題は、だれの課題か考えましょう

①子どもに整理整頓の習慣をつけさせたい

②子どもがいたずらをして笑っている

③子どもがゲームに夢中で勉強をしない

④子どもをダンス教室に通わせたい

⑤お客さまと話をしていると子どもがお腹が空いたと割り込んできて困る

⑥子どもが講演会でポータブルゲームで遊んでいて心配

①	②	③	④	⑤	⑥
親	子ども	子ども	親	子ども	親

【夫婦 編】

下記の課題は、だれの課題か考えましょう

①夫が子育ての悩みを聞いてくれない

②夫が子どもを甘やかすのが気になる

③子どもの受験校を夫が決めようとする

④子どもがほかの子とけんかばかりするので夫が怒っている

⑤姑が子どもにこっそりモノを買い与えている

⑥子どもが夫のいうことだけは聞くのが気に入らない

①	②	③	④	⑤	⑥
自分	夫	夫	子ども	姑	自分

「いじめられている子」を勇気づける接し方

いじめられている子の接し方については、いじめられている主な原因から、２つのタイプに分けて紹介します。

1　自信がないためにいじめられている子

①話を聞き、寄り添う

自信がないお子さんには、真摯《しんし》に話を聞いて、共感を示すことが大切です。

共感を示すといっても、完全にお子さんの味方につくという意味ではありません。お子さんが学校であった嫌なことを話してくれたとしたら、「そうか、そういうことがあったんだ。じゃあどうすればいいか、いっしょに考えてみようか」というような感じです。

いじめられたわが子、いじめた子、どちらの味方になるのでもなく、ただしっかりと寄り添います。「あなたの話を聞くよ」「あなたのいうことを受け入れるよ」という姿勢を見せることで、子どもに安心感が生まれます。

②その子の得意領域を伸ばす

いじめられている子は、学校などの狭い環境のなかでうまくいっていないだけです。つまり、その子個人には必ず得意領域があります。それは並はずれてすごい能力や才能である必要はありません。たとえば、「やさしい」こと、「集中力がある」こと、「その場をなごませる雰囲気がある」ことなど。

お子さんのよさは、親にしかわからないことも多いかもしれません。その得意領域、強みを、学校で発揮して自信をつけさせることはなかなか難しいので、**まず親がその子の強みをしっかり伝えてあげること**。そして学校（いじめられている場所）以外のところで得意領域を伸ばし、自信をつけさせてあげましょう。

それは絵のスクールでもいいですし、スイミングや英会話でもダンスでもいいです。もちろん習いごとでなくてもかまいませんが、同じくらいのお子さんがいるなかで自信をつけさせるという意味では、習いごとはわかりやすいでしょう。
お子さんの得意分野を見つける方法は第3章で紹介しますので、ぜひそちらも参考にしてください

③応援する環境をつくる

「お母さん、お父さんはあなたを応援しているよ」と親が子どもを応援していることを伝えることです。それだけでなく「お母さんの友だちの○○さんも応援してるよー」というような感じで、親御さんが進んでその子のまわりにいっぱい応援者をつくってあげましょう。**まるでお子さんの応援団をつくるような、明るく、軽いノリであることがポイントです。**

お子さんは、つらいなかで学校という、大人でいうと会社のようなところに通わなければなりません。そのときに「自分にはたくさん応援してくれる人がいる」という事実は、その子の勇気や自信、1歩踏み出す力になるのです。

味方づくり仲間づくりのためには、次の**「解決ノート」**が役立ちます。

逆にやってはいけないのが、学校に問いただしたり、親と先生、あるいは親同士の

仲間の力も借りてみよう!

解決ノート

自分だけでは、どうしようもないとき、困ったときは、まわりにいる助けてくれそうな人を探してみてください。その人はどのように助けてくれるでしょうか?

助けてくれる人

さん

さん

解決したいこと・困っていること

さん

さん

❤解決したらしたいこと❤

戦いにしたりしてしまうこと。じつは、自信のなさからいじめられているお子さんには、遠回りのように見えても、子どもに力をつけるのがいちばん早いのです。

2 目立つためにいじめられている子

①子どもの特性や個性を受け入れる

当たり前のことかもしれませんが、まずは親御さん自身が、子どもの特性や個性を受け入れることです。ほかのお子さんと比べて、「うちの子はほかの子と違う」と悩んだり、周囲に隠そうとしたりせず、「あなたはすばらしい個性をもっているね」と認めてあげること。それも、**こころから認め、受け入れてあげること。**こうしたお子さんには、何よりもそれがいちばん大切です。

②上の世代（大人）との関係性をつくる

同級生や同世代の子どもではなく、親以外の大人との関係性を意識してつくってあげましょう。わたしは子どものころ、空手をやっていましたが、空手の先生とかかわったことでとても救われたことがあります。ほかにも、バスケをやっている子が、その保護者たちとコミュニケーションをとることで改善した例もあります。

このように習いごとのコーチや先生、保護者などの大人たちとかかわることが特性のあるお子さんには必要です。こうしたお子さんは早熟であることが多いので、同世代のコミュニティでは受け入れてもらえないことがあるからです。

親ではない大人とかかわることで、同世代の子とのかかわりでは体験できない、ちょっと大人の世界に興味をもつようになります。すると自分がまだ子どもであること、まだ能力が足りないことに気づき、逆に同世代の友だちのほうに関心が戻り、仲間を見つけられるようになるということもあるのです。

③お互いに違う意見があるというコミュニケーションをする

例を使って説明しましょう。

「お母さんはね、これがとてもお気に入り。あなたの好みとはちょっと違うかもね」

「あなたは赤い色が好きなのね。とてもよく似合うわ。お母さんは黒が好きなの」

「わたしはマグロが好きだけど、あなたはイカが好きなのね」

もしもわたしが〇〇だったら？

ポジションチェンジ

もしあなたが相手の立場だったらどう考えるか、
ポジションをチェンジさせて、書き出してみましょう。

もし、わたしが ＿＿＿＿＿ だったら

＿＿＿＿＿＿＿＿ と考えて、＿＿＿＿＿ する。

例

もし、わたしが お母さん だったら

健康に育ってほしい と考えて、 お料理 する。

つまり、親にも子どもにもそれぞれ個性があり、好みや意見も違うことを、お互いに尊重し合う会話です。

これを専門用語では**アサーティブコミュニケーション**といいます。会社などですすめられることがありますが、親子間でやることで、親子でもお互いを尊重し合う、対等な会話ができるようになり、こうした個性の強い子どもの自己肯定感を支えてくれます。お互いの立場になって考えてみる「ポジションチェンジ」というワークもおすすめです。

Q5 発達障害ぎみのわが子にどう接すればいいかわかりません……。（9歳男児）

「もっと厳しくしなくちゃダメ」という意見もあれば、「そこまで厳しくしなくても……」という意見もあるなど、発達障害のお子さんをおもちのお母さんから、お子さんへの接し方のご相談もとても多いです。

いちばん大切なことは、お子さんを受け入れてあげることです。おそらく発達障害ぎみのお子さん自身も、まわりからあまり理解してもらえていないことは自覚していると思います。だからこそ、お母さん、お父さんはお子さんを無条件に受け入れてあげましょう。なぜなら、学校では自分が受け入れられていないと感じ、自己評価が低くなっている可能性があるためです。家庭のなかでは受容してあげることが、自己肯定感をつくるうえでの基盤になります。

次に、子どもに対して**「成果や結果」ではなく、「努力」を評価してあげましょう。**ほかのお子さんと比べることなく、その子の努力の肯定側面をたくさんたくさん伝えてあげることで、こころは安定します。

最後に、愛情の言葉をしっかりと伝えることです。発達障害ぎみのお子さんには、ほかのお子さん以上に愛情表現が必要です。**言葉で伝えるだけでなく、スキンシップも有効**です。日本人は言葉やスキンシップで愛情を表現するのを照れくさいと感じる方が多いですが、「大好きだよ」「愛しているよ」「いつでも応援しているよ」とぜひ言葉で伝えてあげてください。ストレートな表現が恥ずかしい方は、たくさん話しかけたり、お子さんとしっかり向き合って話を聞いてあげることも有効です。

Q6 ごはんをぜんぜん食べてくれず、お菓子しか食べません。どうすればごはんを食べてもらえますか？（8歳女児）

1つ目は、食卓の環境を楽しくすることです。親子でいっしょにごはんをつくったり、テーブルセッティングをしたりするのもいいでしょう。ごはんやおかずを盛りつけるときも「こうすれば食べやすいかな」「こうすればおいしそうに見えるかな」などと工夫してやってみるのもいいですね。

2つ目は、素材について知ることです。スーパーなどにいっしょに買いものにいって、1つひとつの食材を見て「じゃがいもってこんなにいろいろな形をしているんだね」などと話してもいいですし、いっしょに畑に行って、野菜を収穫する体験をしたり、釣りに行ってお父さんといっしょに魚をさばくのもいいでしょう。偏食が多い子は、素材そのものについて知ることで、食べることに興味や関心をもちはじめることが多いのです。たとえば、野菜嫌いのお子さんが、学校で自分が収穫した野菜だけはおいしく食べた、などという話もよく聞きます。

最後に、その子の好みは尊重しながらも、もしも苦手なものを食べられたら、チャレンジしたことをほめてあげることも忘れないでくださいね。

Q7

思春期になり、親のいうことを聞かなくなったわが子。夫のいうことは聞くのに、わたしのいうことはまったく聞かず反抗的。どう接すれば……。(12歳男児)

まず、反抗期は悪いことではないと知っておいてください。

反抗期には自己肯定感が低くなりがちです。 思春期に起こる反抗期は、アイデンティティを獲得しようともがきます。「自分は、お父さん、お母さんとは違う生き方をしたい」と思い、それが反抗的な態度として出てしまう、自立の一歩なのです。

わかっていても親は、反抗されたり、生意気なことをいわれたら腹が立ちますよね。怒りそうになったら、「そういう時期なのだ」とひと呼吸。肯定的な言葉や態度でうまくかわしましょう。なんだかんだと反抗しても、親に共感してもらいたいし、支えてもらいたい時期だからです。

「夫のいうことは聞く」とのことですが、思春期にはこういうこともあります。なるべくお父さん、お母さんとそれぞれ個別の時間をもつようにするといいでしょう。たとえば、お母さんと2人で買いものに行く、逆にお父さんと子どもが話しているなら、お母さんは別の部屋に移動する、というようにします。

思春期は自我が芽生え、大人のいろいろな意見を聞きたい時期でもあるので、小さな子どものときのような感覚ではなく、配慮することも必要になります。「子どもに配慮する」感覚に違和感を覚える親御さんもいますが、わが子であっても1人の人間として尊重する姿勢はとても大事です。そのうえで、何か困っていたり、問題が起きたりしたときにはサポートしてあげることを忘れないでください。

第 2 章

そもそも子どもの自己肯定感って何？

生まれたばかりの赤ちゃんは自己肯定感が高い

突然ですが、クイズです。もっとも自己肯定感が高い人は、だれでしょう？　人生でいちばん自己肯定感が高い時期は、いつでしょう？

答えは、生まれたばかりの赤ちゃんです。

生まれたばかりの赤ちゃんは、自己肯定感ＭＡＸの状態です。

生まれながらに自己肯定感が低く設定されてしまっている人は、１人もいません。いまどんなにネガティブ思考の人であっても、すぐ落ち込んでしまうような人であっても、みんなみんな、赤ちゃんのときは自己肯定感のかたまりだったのです。

思い浮かべてみてください。赤ちゃんは見るもの聞くもの触るもの、すべてがはじめてのことばかり。それなのに恐れることなく、興味津々の瞳で世界を見つめ、手を伸ばして触れようとしますね。

そして、たくさんのはじめての経験をしながら、ハイハイをし、つかまり立ちをし、立ち上がって1歩、2歩と世界をどんどん広げていきます。途中で転んだりつまずいたりして、大きな声で泣くことはあっても、挑戦をやめません。「失敗しそうだからやめておこう」「どうせ自分には無理だし」なんて、思いませんよね。

自己肯定感とは、「生きよう、生きたい」という、人間が細胞レベルで根源的にもっている力です。だれのなかにもやわらかくて伸びやかなこころがあり、「自分にYES」といえる自己肯定感が備わっています。ぜひ、それを育てていきましょう。

自己肯定感MAXで生まれてきたなら、そのまま使っていけば、自己肯定感の総量は変わらないはず。にもかかわらず、成長にともなって、自己肯定感の総量が多い人と、少ない人に分かれてしまいます。どうして目減りしてしまうのでしょう。

それにはやはり、**生まれたあとの環境がとても大きくかかわっています**。

親や周囲の人がどんな言葉を話しているか、子どもにどんな言葉をかけてきたかがとても重要です。とくに子どもが小さいときから10歳前後になるまでに、子どもがどんな言葉を聞き、どんな言葉をかけられてきたかが、その子の自己肯定感の総量を決めるといっても過言ではありません。逆にいえば、**大人の言葉かけだけで子どもは自己肯定感を簡単に身につけることができる**のです。

あなたのお子さんの自己肯定感はどれくらい？――「自己肯定感チェックシート」

わが子の自己肯定感は高いのかな？　もしかしたら低いかもしれない。どっちだろう？　という方も多いと思います。そこで、「自己肯定感チェックシート」を用意しました。**「10歳までの自己肯定感チェックシート」**と**「10歳から思春期までの自己肯定感チェックシート」**がありますので、ぜひお子さんの年齢にあわせてチェックしてみてください。

それぞれのチェックシートにある12個の質問に答えることで、お子さんの自己肯定感の現在の状態がわかります。このチェックシートにどう答えたかは、160ページからも使いますので、○×を書き込むかメモをとるなどして、記録してみてください。

また、子どもの自己肯定感は親御さんの自己肯定感の状態にも左右されるものです。そこで**「お母さん、お父さんのための自己肯定感チェックシート」**も用意しました。ぜひ、親子でいっしょに楽しんでチェックしてみてください。

10歳までの自己肯定感チェックシート

あなたの自己肯定感はいまどうなってる?

以下の12個の質問に答えて「○×」を書き込むかメモをとるなどして、記録してみましょう。12個の質問のうち、○が10個以上の場合、あなたの自己肯定感はいま低い状態になっているといえます。

		○or×
1	先生やお母さん、お父さんにほめられないとやる気が出ない	
2	自分のいいところって何?と聞かれても見つけられない	
3	友だちのしていることがうらやましく感じてしまう	
4	友だちに嫌われているのではないかとさみしい気もちになることがある	
5	やりたいことがあっても「失敗したらどうしよう?」と思ってしまう	
6	うまくいかないことがあると、投げやりになってしまうことがある	
7	知っている人に会ったとき自分からあいさつするのが恥ずかしい	
8	みんなの前で話をしたり歌をうたったりするのが苦手	
9	毎朝、自分で服を選ぶのではなく、親の出してくれた服を着て出かけることが多い	
10	何かを決めるときに友だちと同じものを選んでしまいがち	
11	まわりの人に注意されるとすぐにすねてしまう	
12	自分より小さい子が困っていても、何をしてあげればいいかわからないことがある	

10歳から思春期までの自己肯定感チェックシート

以下の12個の質問に答えて「○×」を書き込むかメモをとるなどして、記録してみましょう。12個の質問のうち、○が10個以上の場合、あなたの自己肯定感はいま低い状態になっているといえます。

		○or×
1	鏡で自分の顔を見るのが嫌なときがある	
2	LINEの返事がないととても気になる	
3	学校や家でちょっと注意されると落ち込んでしまい、立ち直るまでに時間がかかる	
4	まわりの目が気になって、自分から話しだしたり行動したりすることができない	
5	ふとした瞬間「無理」「疲れた」「嫌だ」「終わった」などネガティブな言葉がこぼれてしまう	
6	ぼく（わたし）ががんばらなくてもほかの子ががんばるからいいやと思う	
7	先生や友だち、親からいわれた何げないひと言がずっと気になってしまう	
8	やるぞと決めても、まわりの人の目が気になり、ためらってしまうことがある	
9	外食先で何を食べるかなかなか決められない	
10	将来や進路のことを考えると、憂うつになる	
11	新しいことに挑戦したいなと思っても、「どうせ無理」「自分はできない」と勝手に限界を決めてしまっている	
12	電車やバスから降りるときや自転車に乗っているとき、ノロノロしている人にイライラしてしまう	

お母さん、お父さんのための
自己肯定感チェックシート

以下の12個の質問に答えて「○×」を書き込むかメモをとるなどして、記録してみましょう。12個の質問のうち、○が10個以上の場合、あなたの自己肯定感はいま低い状態になっているといえます。

		○or×
1	ほかの子どもと比べて自分の子どもの成長を遅く感じてしまい、気になってしまう	
2	他人から「いいママ」「いいパパ」と思われたい	
3	子どもが自分のいうことを聞いてくれないとイラっとしてしまう	
4	子どもを感情的に怒ってしまい、あとで落ち込んでしまいがち	
5	ふとした瞬間に「無理」「忙しい」「疲れた」「つらい」などネガティブな言葉がこぼれてしまう	
6	育児がつらくても、自分ががんばらねばと思い、人に頼ることができない	
7	自分の子育てが間違っていないかいつも不安だ	
8	まわりの目が気になって、子どもがやろうとしていることを止めてしまう	
9	学校行事のときの服装選びにとても悩む	
10	PTAや子どものクラスの親のグループLINEのやりとりに振り回されてしまう	
11	本当はやりたいことがあるのに、子育てを理由にあきらめてしまっている	
12	夫（妻）や親（義母・義父）や学校などとの子育てに関するやりとりに疲れてしまっている	

いかがですか？

お子さんは何個◯がついたでしょうか？

そしてあなたは何個◯がついたでしょうか？

12個の質問のうち、10個以上に◯がついたら、自己肯定感はいま、低い状態になっているといえます。逆に5個以下であれば、自己肯定感はいま、比較的高いといえます。

このチェックシートで、お子さんが、もしくはあなたが、自己肯定感が低かったとしても、どうか安心してください。自己肯定感はどんな状態でも、いつからでも、高めることができるからです。

本書では自己肯定感を高める仕組みと方法を紹介していきます。お子さんの自己肯定感を高める方法ではありますが、じつはお母さん、お父さんの自己肯定感もいっしょに高まる方法でもあります。ぜひ親子で楽しんでとり組んでいってくださいね。

さて、子どもの自己肯定感は先にもお伝えしたように、環境が大きくかかわっています。つまり、**身近な大人の自己肯定感にも左右される**のです。

わたしは幼稚園や小学校など教育関連の方へもアドバイスをさせていただいていますが、そのために、ぜひ教育関係の方は自分の自己肯定感がいまどうなっているか、チェックしてほしいと思っています。

そこで特別に**付録として、教育関係の方へのチェックシートもご用意**しました。また、お子さん向けにもさらに細かく年齢を区切ったチェックシートを用意しています。

もっと詳しく知りたいという方はぜひ、下記のＱＲコードから試してみてください。

付録　カテゴリ別・自己肯定感チェックシート

付録として、下記の6つのカテゴリの[自己肯定感チェックシート]をご用意しました。ぜひQRコードを読みとって、自己肯定感チェックをしてみてください。質問に答えて「○×」をメモをとるなどして、記録してみましょう。

① 園児向け自己肯定感チェックシート
② 小学生向け自己肯定感チェックシート
③ 中学生・高校生向け自己肯定感チェックシート
④ 親御さん向け自己肯定感チェックシート
⑤ 保育士さん向け自己肯定感チェックシート
⑥ 教育関係の方向け自己肯定感チェックシート

自己肯定感はゆれ動く。自己肯定感は一瞬で高まり、少しずつ高まる

じつは、同じ人であっても、自己肯定感がずっと高いままであることはありません。高い日もあれば低い日もありますし、もともとは高かったのに少しずつ下がっていき、いつのまにかずっと低空飛行をつづけるということもあります。

どうすれば、自己肯定感とうまくつき合っていくことができるのでしょうか？

まずは最初に知っておきたいポイントを2つお伝えしましょう。

①自己肯定感はゆれ動く

自己肯定感は、子どもをとり巻く環境によって高くなったり、低くなったりします。

「自己肯定感が高い」人であっても、いつもいつも高いわけではありません。どんなに自己肯定感が高い人でも、一時的に気もちが落ち込み、自己肯定感が下がることも

あるのです。

自己肯定感はつねに一定ではなく、波のように上下動するものだということを知っておきましょう。大人であれば、このことを知っておくことで、「いま、自分の自己肯定感はどういう状態にあるか」を意識することができます。すると、どんな環境であっても自分をフラットな状態に戻すことができます。

たとえば「今朝、子どもにうるさくいってしまったのは、自分の自己肯定感が下がっているからだ」などと自覚できるだけでも、こころが楽になります。

人間はどうしても一喜一憂してしまうものです。「いまなぜ自分がこのように感じているのか」を客観視し、自覚することを心理学の世界では「自己認知」といいます。

「自己認知」ができるようになると自分で感情をコントロールでき、一時的に自己肯定感がゆれ動くことがあっても、本来の自分に戻ることができます。

とはいえ、子どもの場合はまだ、大人のように自分を客観視することはできません。ですからまずは親御さん自身が、自己肯定感がゆれ動くことを知っておくことが大切です。

子どもが落ち込み、一時的に自己肯定感が下がっているときに、お母さん、お父さんまでいっしょに落ち込んだり、心配したり不安になったりしないことです。

たとえば「今日、学校で友だちとけんかをしてしまったから、落ち込んでいるんだな」

「昨日、寝る時間がいつもより遅かったから、寝不足でイライラしているのかな」

こんな視点で子どもを見てあげられると、親御さん自身の感情もコントロールでき、無駄に怒ったり心配したりすることがなくなります。

そして、「大丈夫だよ。きっと仲直りできるよ」「今日は早く寝ようね」など、子どもをフラットな状態に戻してあげる声かけをすることもできます。親が冷静な視点をもつことで、子どもの自己肯定感の木はしっかりと根を張り、すくすくと育ちます。

また、もしお子さんと話ができる状態だったら、いまのマイナスの状態がもっと最悪の状態と比べてどれくらいなのかを測る**「エモーショナルスケーリング」**をおすすめします。いまの状態を客観的に見ることができ、あのときと比べたら平気だと思えて、**マイナスの気もちが小さくなっていくという効果があります。**

いまの気もちは10点中何点？

エモーショナルスケーリング

マイナスの気もちになったら、これまでで最低だったときを10点とすると、いまの気もちは10点中何点かを考えてみてください。

は10点中何点？

0点 1点 2点 3点 4点 5点 6点 7点 8点 9点 10点

は10点中何点？

0点 1点 2点 3点 4点 5点 6点 7点 8点 9点 10点

は10点中何点？

0点 1点 2点 3点 4点 5点 6点 7点 8点 9点 10点

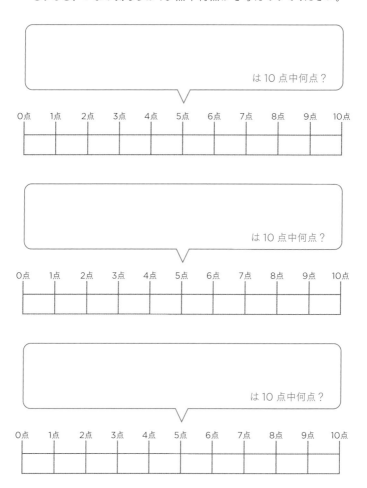

②自己肯定感は「一瞬」で高まる、「少しずつ」高まる

ポイントの2つ目は、自己肯定感の高め方には、2つのルートがあるということです。それが**「瞬発型（すぐ）」**のルートと**「習慣型（ゆっくり）」**のルートです。

「学芸会で舞台に立たなくてはいけないのに、人前に出るのが怖い」
「進級して新しい友だちがたくさんいるクラスに替わり、学校に行くのが不安」
「先生に注意されて、落ち込んでいる」

たとえばこんなときは「瞬発型」が役に立ちます。大人の場合は自分でできる簡単な方法ですが、子どもの場合は、お母さん、お父さんといっしょにやるなど、サポートしてあげるといいでしょう。

たとえば子どもがちょっと自信がなさそうにしているときは、**抱きしめて「大丈夫、大丈夫」といってあげましょう**。子どもが慣れてきたら、**セルフハグをしながら「大丈夫、大丈夫」**という方法を教えてあげましょう。

また、少し嫌なことがあったらいっしょに手を洗いなが

ら、**「ツイてる！ ツイてる！」**といったり、不安なことがあったら一緒に**「できる！ できる！」**といったりするのも有効です。

このように日々の生活のなかですぐにできる自己肯定感アップのテクニックを、家庭でもどんどん使ってみましょう。瞬発型のテクニックを身につけると、日々ゆれ動く自己肯定感に、子ども自身もうまく対応できるようになってきます。

一方、自己肯定感を育み、ブレない軸をつくるのが、「習慣型」のルートです。「自己肯定感をじわじわと高める方法」です。

習慣型の方法は、効果を実感するまではある程度の時間はかかりますが、しっかりつづければ、しなやかでブレない軸ができます。それによって、ゆれ動きにくい自己肯定感を育むこともできます。

子どもの場合、この2つのルートで自己肯定感を身につけるには、親の協力なしにはできません。そこで、134ページからは具体的に何を行うかを紹介しています。さらに「4キッズタイプ診断」の4タイプに合わせた方法も

210ページから紹介していきますので、楽しみにしていてくださいね。

「瞬発型」と「習慣型」を組み合わせると、自己肯定感はより優れた効果を発揮します。1つの小さなステップを踏めたと思ったら、ぜひ子どもに**「よくやったね」「できたー!」「○○ちゃんにマル!」**など、ごほうびの言葉をかけてあげましょう。

子どもだけでなく、お母さん、お父さんも、自分自身をほめてあげてください。

そうすることによって、最終的に自己肯定感を高めることが、潜在意識にまで根づいてきます。どんなことがあっても、勝手に自己肯定感という感情が湧き出してきて、**「自分の人生って楽しい!」**と感じられるようになっていきますよ。ぜひ親子いっしょに楽しみながらつづけてみてください。

子どもの自己肯定感を高める4つの窓

自己肯定感を高めるための方法には、「瞬発型」と「習慣型」の2つのルートがあるとお話ししました。そして、そのどちらにも「自力」でできるものと、「他力」で行うものがあります。まとめると、それぞれ次のような特徴があります。

- 一瞬で自己肯定感が高まるものは、効果が長くつづきにくい。
- 習慣にすることで自己肯定感がじわじわ高まり、効果が長つづきする。
- 自分の行動（自力）で自己肯定感を高めるもの。
- 周囲の働きかけや環境（他力）で自己肯定感を高めるもの。

この4つをマトリックスにしたものが、**「自己肯定感を高める4つの窓」**です。それぞれの窓には次の特徴があります。

自己肯定感を高める4つの窓

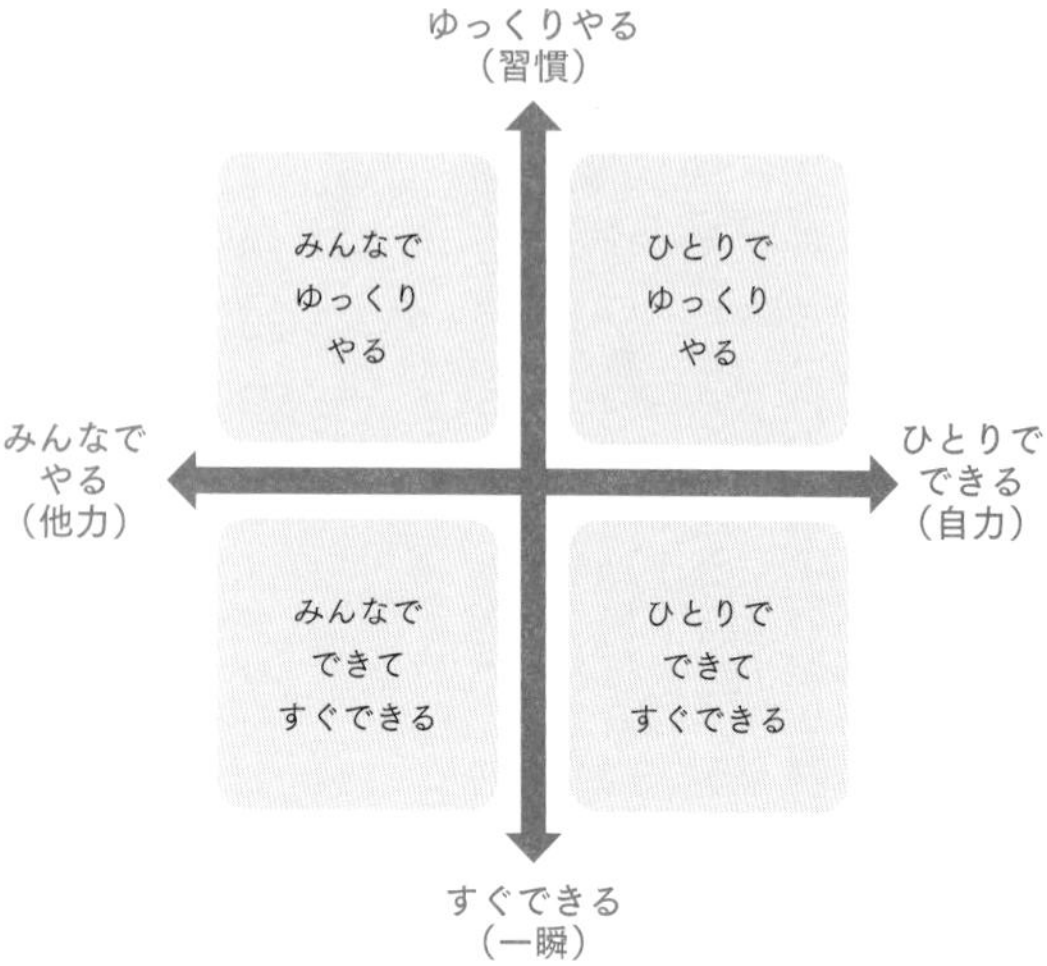
ゆっくりやる
（習慣）
みんなで
ゆっくり
やる
ひとりで
ゆっくり
やる
みんなで
やる
（他力）
ひとりで
できる
（自力）
みんなで
できて
すぐできる
ひとりで
できて
すぐできる
すぐできる
（一瞬）

1　習慣にすることで自力で自己肯定感が上がる。

2　自分の行動により一瞬で自己肯定感が上がる。

3　環境を変えることで一瞬で自己肯定感が上がる。

4　環境を長期的に変えることで自己肯定感が上がる。

この4つの方法をバランスよくとり入れることで、高い自己肯定感をもった状態をずっとキープできるのです。

これから「自己肯定感チェック」をふまえた具体的な組み合わせを紹介しますので、ぜひ試してみてくださいね。

自己肯定感の「6つの感」とは？
——自己肯定感の木

自己肯定感とは、「自分には生きる能力があり、幸せになるだけの価値がある」と確信した感情です。簡単にいうと、**「自分や自分の人生に〝YES〟と思える気もち」**のことです。122ページで、「自己肯定感はゆれ動く」とお話ししました。なぜ、自己肯定感はゆれ動いてしまうのでしょうか。それは、自己肯定感が〝6つの感〟で支えられているからです。

---

① 自尊感情（自分には価値があると思える感覚）
② 自己受容感（ありのままの自分を認める感覚）
③ 自己効力感（自分にはできると思える感覚）
④ 自己信頼感（自分を信じられる感覚）
⑤ 自己決定感（自分で決められるという感覚）

⑥　自己有用感（自分は何かの役に立っているという感覚）

「6つの感」はどれか1つがゆさぶられると、その影響で自己肯定感が低下します。たとえば先生からクラスみんなの前で怒られて自尊感情が傷つくと、ほかの〝5つの感〟も低下します。一方で**「6つの感」は支え合ってもいるので、プラスにも影響します。**自尊感情が傷ついても、友だちや親からの励ましで「このままでもいいんだ！」と自己受容感が満たされると、自己肯定感が高まるのです。

〝6つの感〟は密接にかかわっていて、それぞれに影響を与えながら自己肯定感を形づくっています。わたしはこの「6つの感」を木にたとえています。「6つの感」をいいコンディションに保つ方法がわかれば、のびのびとしなやかに強く育ち、きれいな花が咲き、その子だけのオリジナルの実がなるのです。

ゆるぎない「自己肯定感の木」を育てれば、その子らしい人生を実現することができます。そしてもちろん、お母さん、お父さん自身の自己肯定感の木が育っていることも大切です。あなたの自己肯定感の「種」は、次の世代であるお子さんに渡ります。それでは、1つひとつ説明していきましょう。

自己肯定感の木

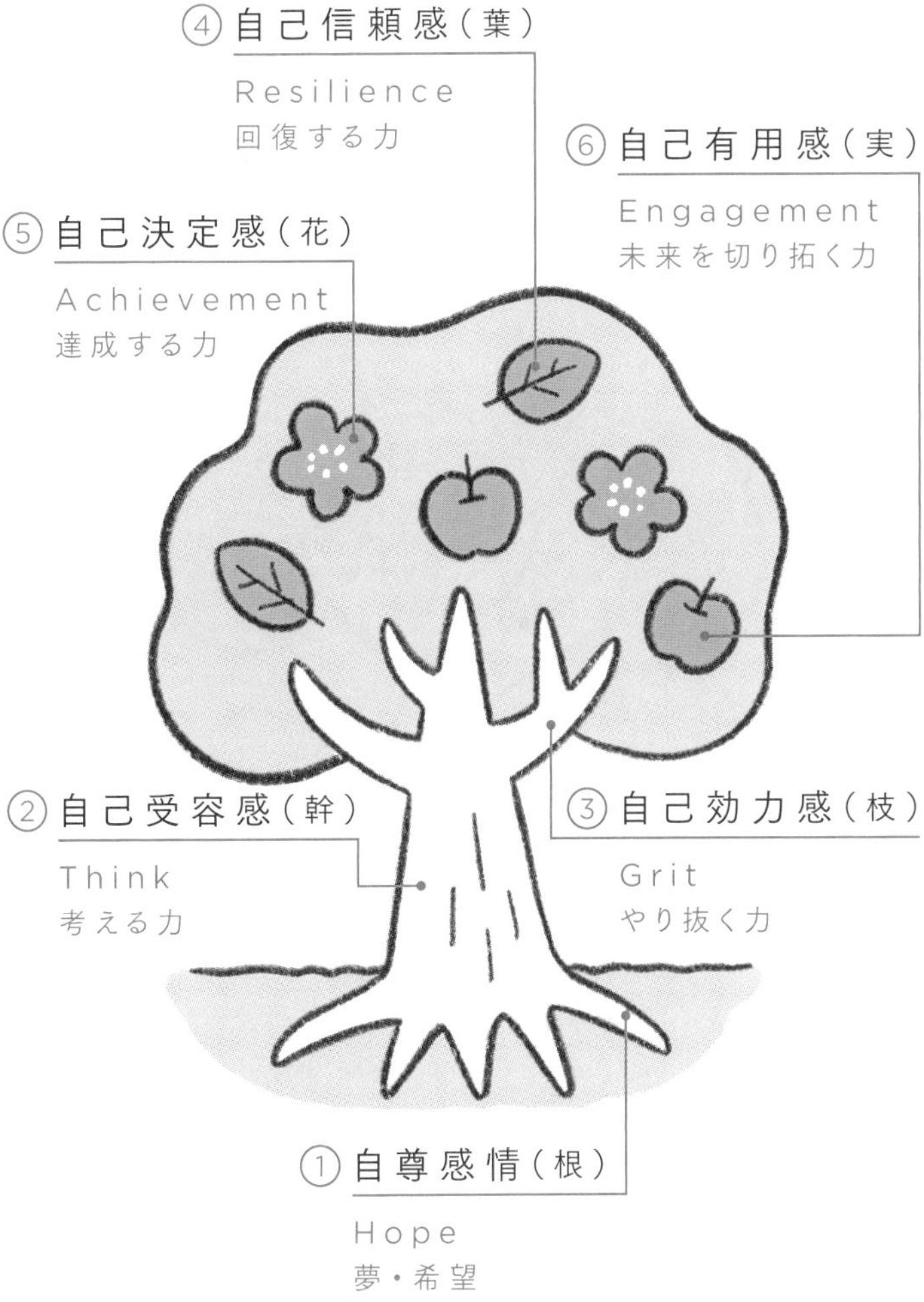
④自己信頼感（葉）
Resilience
回復する力
⑥自己有用感（実）
Engagement
未来を切り拓く力
⑤自己決定感（花）
Achievement
達成する力
②自己受容感（幹）
Think
考える力
③自己効力感（枝）
Grit
やり抜く力
①自尊感情（根）
Hope
夢・希望

1

自尊感情

自分には価値があると
思える感覚

…Hope（夢・希望）

「自尊感情」は「木の根っこ」──「自分っていいよね」と思えるようになる

自尊感情は自己肯定感の木の「根っこ」であり基盤のようなもの。この根っこが深くなれば、折れない自分軸が手に入ります。自尊感情は自分の個性、もち味、人柄を自分で評価し、大切にする感情です。

自尊感情が安定していると「自分っていいよね」と自分を尊ぶことができ、ものごとを肯定的にとらえることができます。自尊感情が高くなれば、どんな状況でもそこにやりがいを見つけられるようになります。

自尊感情が低いと、セルフイメージも低くなります。学校に行くのに着ていく服を選べない、つらいことがあると行動がストップしてしまったり、「自分はダメだ」と思い込んでしまったり。子どもながらに「自分は大した人間ではないんだ」と思ってしまうのです。大切な自己肯定感の基礎をつくるためには、とくに3歳（幼少期）、6歳（就学時）、12歳（変声期、初潮の時期）はとても大切です。

自尊感情を育むと、夢や希望をもちやすくなります。生きる意味やビジョンをもてる力であり、生きる土台となります。夢や希望を育む方法は意外と簡単です。それは、夢や希望を具体的に語ること。大きなことじゃなくていいのです。たとえば、

「ああ、このイチゴのショートケーキおいしそう♪　今度食べよう！」

「お父さん、この列車だけの旅をしてみたくてさ。いっしょに計画しない？」

楽しくて、未来があって、やってみたいこと、肯定的言葉をたくさん子どもに投げかけてあげましょう。そうすると子どもは、「こんなことといっていいんだ、やっていいんだ」「やってみたい！　実現したい！」と感じてこころのブレーキをゆるめ、伸びやかに生きていきますよ。

おすすめは巻末で掲載する**「Ｗｉｓｈリスト」を親子でやってみる**こと。これは、自分の願いをノートに箇条書きで書き出すワークです。自分のやりたいこと、興味があること、実現したいこと、楽しみたいことなどなんでも思いつくままにどんどん書き出すものです。書き出して、何度も見返すことで、ワクワクしますし、不思議と実現していくのです。

そのほか自尊感情を高める方法を**「ゆっくりやる（習慣型）」「すぐできる（瞬発型）」**

自尊感情を高める4つの窓

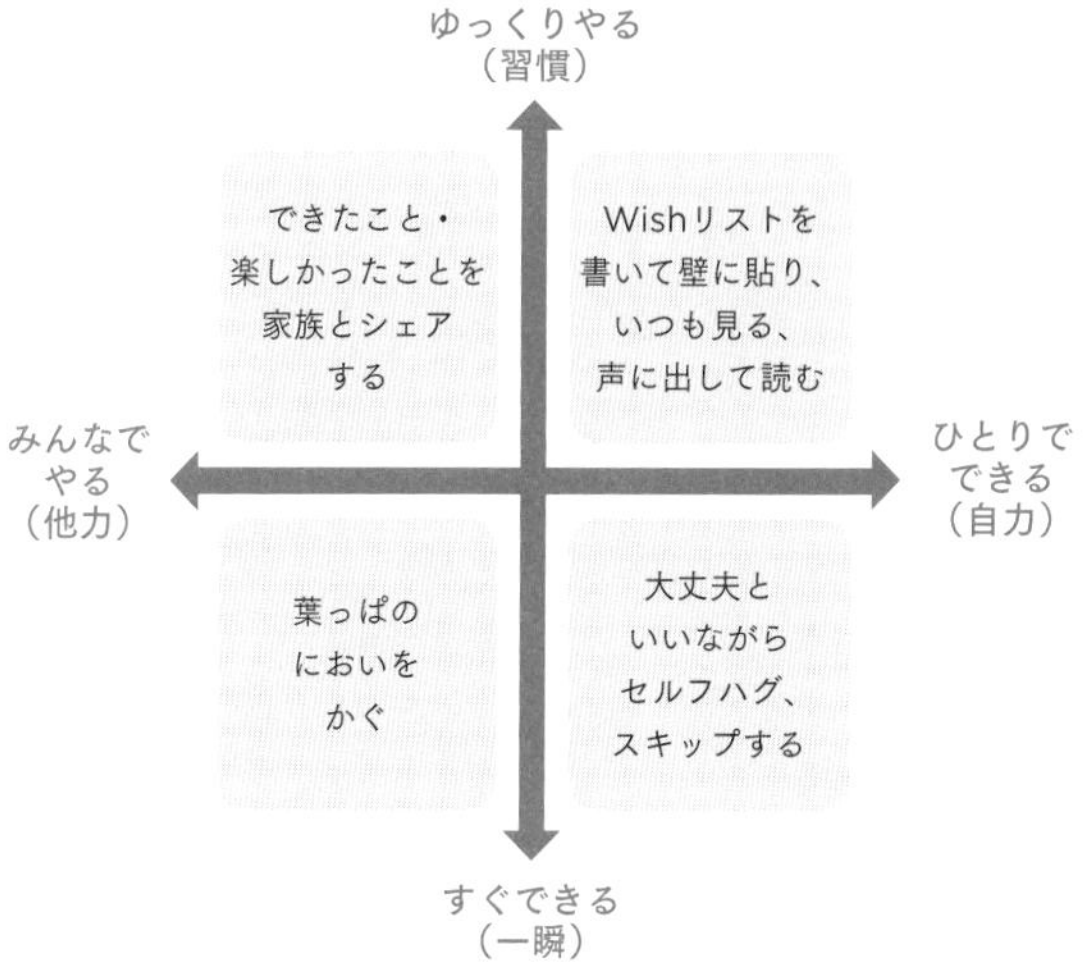
ゆっくりやる
（習慣）
できたこと・
楽しかったことを
家族とシェア
する
Wishリストを
書いて壁に貼り、
いつも見る、
声に出して読む
みんなで
やる
（他力）
ひとりで
できる
（自力）
葉っぱの
においを
かぐ
大丈夫と
いいながら
セルフハグ、
スキップする
すぐできる
（一瞬）

「1人でできる（自力）」「みんなでやる（他力）」の4つのカテゴリにマトリクスにまとめました。ぜひお子さんといっしょにとり組んでみてください。

　このように子どもに「いっしょに何かをしよう！」という声かけはとても効果的です。それはお子さんが大きくなってもできます。

　わたしがご相談を受けた、ある高校生の女の子のエピソードです。

　小さいときからお母さんはパートで忙しく、おばあちゃんに預けることが多かったそうです。圧倒的にスキンシップとコミュニケーションが不足したまま高校生になり、不登校ぎみに。お母さんが気づいたときには自己肯定感がとても低くなっていたのです。お母さんがおっしゃるには、娘さんは人に対して不信感が強く、将来に希望がもてない状態とのことでした。

そこで、いまから娘さんに希望が見いだせるように、自己肯定感のなかの、とくに自尊感情をもってもらおうと考えました。

ご提案したのが「Ｗｉｓｈリスト」です。高校生なら通常は１人でできるワークですが、これをあえて、お母さんと娘さんにいっしょにやってもらったのです。

これはある意味、いままでできなかったスキンシップやコミュニケーションをとり戻す作業でした。

高校生の娘さんがこんなことをいっしょにやってくれるの？　と思われるかもしれませんが、大丈夫。たとえば、「今年やりたいことをいっしょに考えてみない？」「どんなところに買いものに行く？」「夏休みの旅行、どこに行きたい？」ということでいいのです。

自尊感情が下がり自己肯定感も低下していると、過去の失敗体験を何度も思い出し、そのたびに「自分はダメだった」「こうすればよかった」と自分にダメ出しをしたり、1人反省会をしたりして思い悩んでしまいます。

そんなときに**いっしょに楽しいことを考えることで、視点を変えることができます**。自分のやりたいことや楽しいことを自覚すると、ワクワクと楽しいイメージが浮かび、行動に移したくなってくるのです。そんな時間を親子で共有することで、失われたように見えたスキンシップやコミュニケーションができ、娘さんの自尊感情もとり戻されていきました。

これはもっと小さいお子さんでもできますので、ぜひ親子でやってみてください。もちろん直接スキンシップできるならどんどんしましょう。ハグをするのが難しい場合は、机に向かっているときに肩をもむ、部活などで疲れたあとにマッサージする(してもらう)、美容やおしゃれに関心が出はじめたお子さんに化粧品をぬってあげる、などもいいですね。

自尊感情を高めるワーク

● Wishリスト(巻末8ページ)

2

自己受容感

ありのままの自分を
認める感覚

…Think（考える力）

「自己受容感」は「木の幹」——どんな自分にもOKを出せる

自己受容感は自己肯定感の木の「幹」の部分です。木は軸がしっかりしていなければまっすぐに伸びません。強く伸びれば、折れないこころが手に入ります。自己受容感は、ポジティブな面もネガティブな面もあるがままに認め、自分らしく動じずに生きるために必要な感覚です。

この感覚があれば、たとえば友だちのことをねたんだり、ときにはちょっといじわるなことを考えてしまったりする自分がいたとしても、「そういう気もちになることもあるよね」と認め、前向きな状態に変わっていくことができます。

自己受容感が高まれば、「これがわたし！　わたしはわたし」と思えます。するとほかの人のことも「それがあなた！　あなたはあなた」と受け入れることができるのです。どんな自分、どんな他人にも「OK」を出せる子は、何が起きてもしっかりと地に足をつけて立ち直ることができます。

自己受容感を高める4つの窓

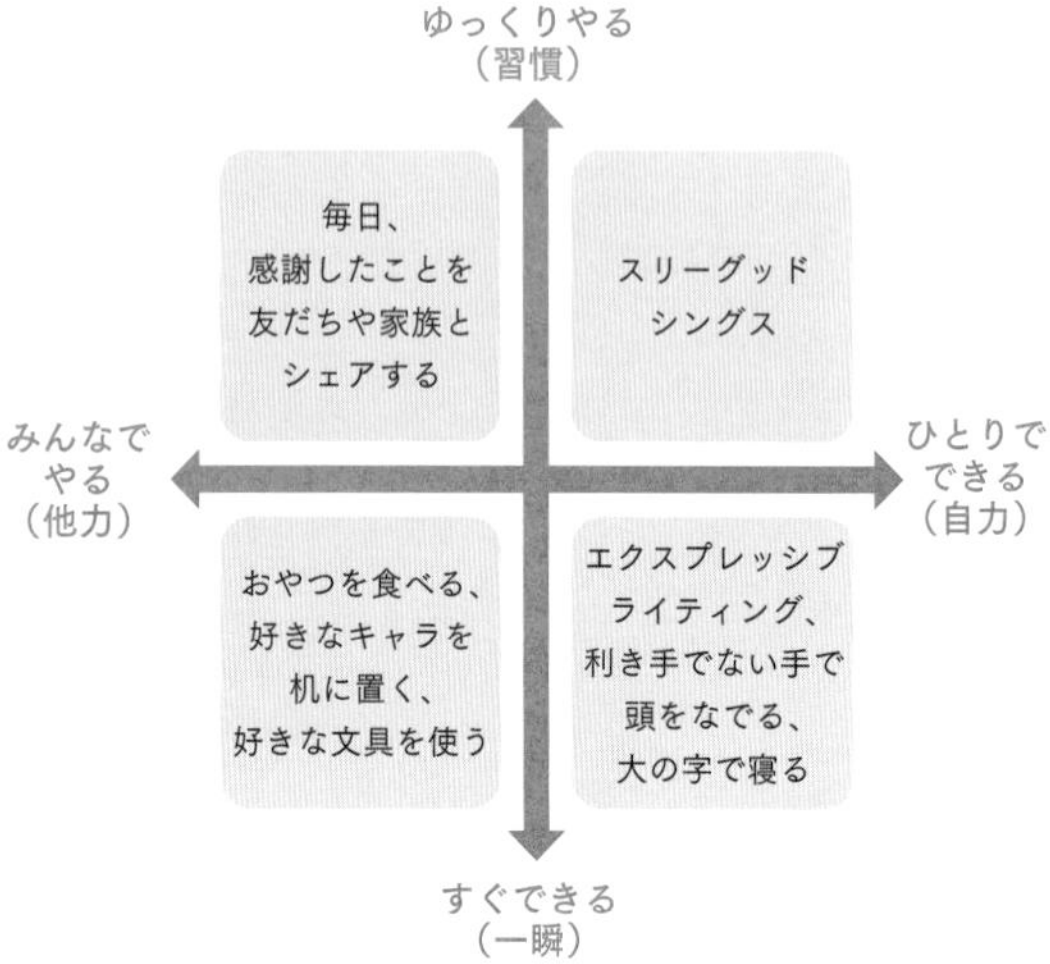
ゆっくりやる
（習慣）
毎日、
感謝したことを
友だちや家族と
シェアする
スリーグッド
シングス
みんなで
やる
（他力）
ひとりで
できる
（自力）
おやつを食べる、
好きなキャラを
机に置く、
好きな文具を使う
エクスプレッシブ
ライティング、
利き手でない手で
頭をなでる、
大の字で寝る
すぐできる
（一瞬）

自己受容感が低いと、自分の小さなミスが気になったり、人のミスも許せなかったりします。

まわりの友だちなど、人に振り回されがちなお子さんの場合は、お子さん自身が悪いわけでも、まわりの人が悪いわけでもなく、その子の自己受容感が低くなっているだけなのです。

自己受容感が育まれると、自分で考えられるようになります。考える人間になるために必要なのが「気づく」こと。

自己受容感が高くなると、自分もまわりもよく見えるようになるため、よく気づける子どもになるのです。「これが自分の長所、短所だな」とわかったり、友だちの長所、短所もわかります。そして**共感力が磨かれ、信頼され、愛される存在になる**のです。

そんな自己受容感を高める方法を、**「ゆっくりやる（習慣型）」「すぐできる（瞬発型）」「1人でできる（自力）」「みんなでやる（他力）」**の4つのカテゴリにマトリクスにまとめました。

利き手でない手で「がんばってる、えらい！」といいながら頭をなでるというのは、こうすると不思議と他人から頭をなでられている感覚になるからです。もちろんお母さん、お父さんがお子さんにやってあげても効果があります。また、お母さん、お父さんもときにはご自身をこうやってなでてあげてみてください。

また、毎日、感謝を感じたことを、友だちや家族とシェアすると、ポジティブなこともネガティブなことも、全部受け入れられるようになっていきます。

自己受容感を
高めるワーク

- エクスプレッシブライティング（巻末9ページ）
- スリーグッドシングス（巻末10ページ）

3

自己効力感

自分にはできると
思える感覚

…Grit（やり抜く力）

「自己効力感」は「木の枝」――何度でも挑戦できるようになる

自己効力感は自己肯定感の木の「枝」のようなものです。しなやかに伸びなければ、すぐにポキッと折れてしまいます。多くの枝があれば、少し折れても大丈夫。多くの枝がどんどん伸びていくように、自己効力感はその子の世界を広げていってくれます。

〝やる気がない〟お子さんに足りない力はこれです。**自己効力感が高まると、やり抜く力、粘る力がつきます。**この力がつくと、何かをするときに「できるさ！」と思えるようになるのです。結果としてできなかったとしても、「またやればいいじゃん」「何回やってもいいんだ」「やり直しがきくよ」と思えます。

つまり、**「失敗はチャレンジした証！」と思えるようになる**のです。自分は何かを成し遂げることができ、あきらめなければ目標を達成できると信じ、勇気をもてるようになるのです。

自己効力感を高める4つの窓

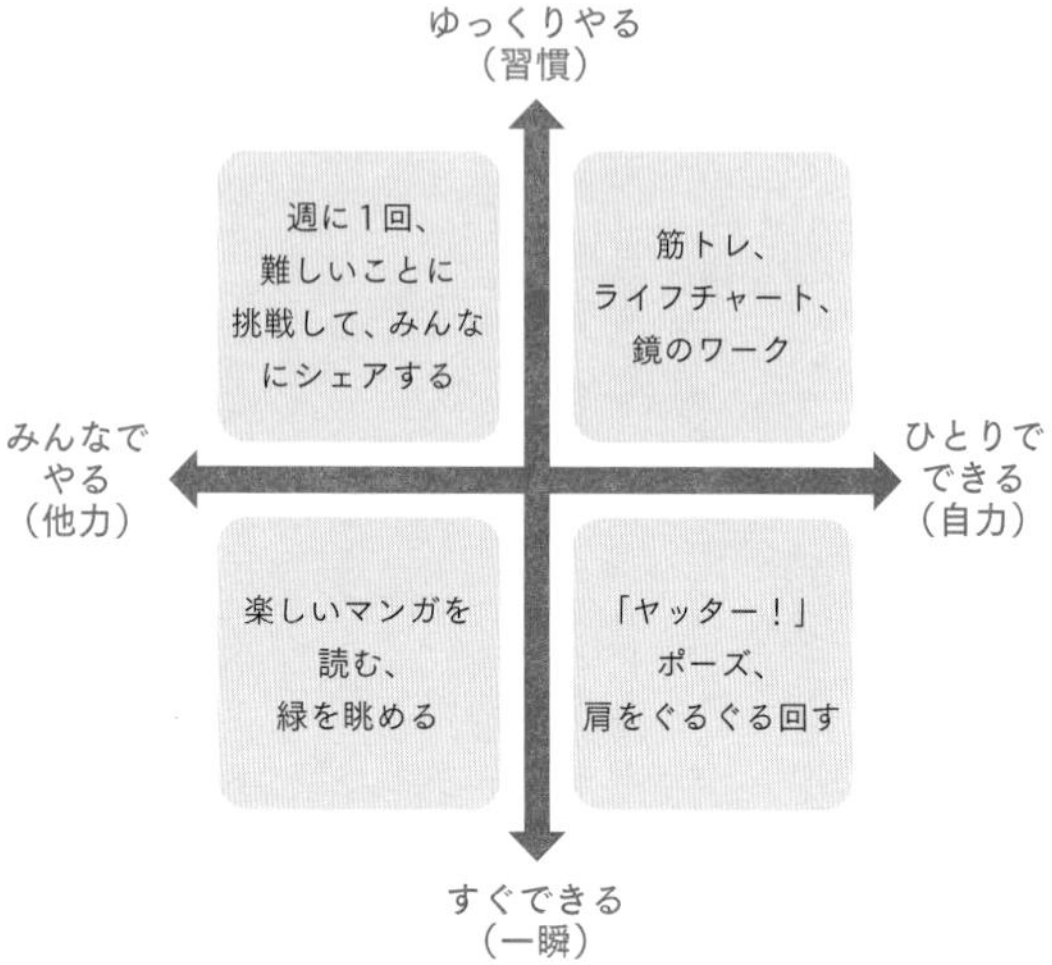
ゆっくりやる
（習慣）
週に1回、
難しいことに
挑戦して、みんな
にシェアする
筋トレ、
ライフチャート、
鏡のワーク
みんなで
やる
（他力）
ひとりで
できる
（自力）
楽しいマンガを
読む、
緑を眺める
「ヤッター！」
ポーズ、
肩をぐるぐる回す
すぐできる
（一瞬）

自己効力感が低いと、「どうせやるだけ無駄だし……」となります。チャレンジしないお子さんは、自己効力感が低い可能性があります。

自己効力感を育てるには、承認のキーワードが必要です。

承認のキーワードは3つ。それが**「ありがとう」「うれしかった」「助かった」**です。この3つを、ことあるごとに伝えてあげましょう。

子どもがすぐにあきらめてしまったり、チャレンジしようとしないと、つい親は「なんでこの子はすぐにやめちゃうの？」と感情的になってしまいがちです。でも、ちょっと待ってください。

感情的になって子どもを責めたり、ダメな部分を指摘したりすると、その子の自己肯定感はさらに下がっていくばかり。それよりもひと呼吸して「この子は自己効力感が低いんだ。じゃあ、そこを高めればいいのね」と判断してほしいのです。

すべてのことにいえますが、子どもは具体的にいってくれないとわからないもの。「なんであきらめちゃうの？」などといわれても、答えられません。だから大人である親御さんのほうが、よく理解して、具体的に自己効力感を高めてあげる必要があるのです。

自己効力感を高める方法を、**「ゆっくりやる（習慣型）」「すぐできる（瞬発型）」「1人でできる（自力）」「みんなでやる（他力）」**の4つのカテゴリにマトリクスにまとめました。週に1回、難しいことに挑戦したことをみんなとシェアすると、できることを広げるのが楽しくなり、もっといろいろなことに挑戦するようになります。

自己効力感を高めるワーク

- ライフチャート（巻末11ページ）
- 鏡のワーク（巻末12ページ）

4

自己信頼感

自分を
信じられる感覚

…Resilience（回復する力）

「自己信頼感」は「木の葉」――勇気と自信が湧いてくる

自己信頼感は自己肯定感の木の「葉」にあたります。自分を信じるという養分がなければ、葉は生い茂ることができません。養分が多ければ、どんどん葉を広げ、その数も増やすことができます。自分で可能性を広げ、次から次へと新しい扉を開いていくことができるようになっていきます。

よく「根拠のない自信があるね」などといわれることがありますが、この**根拠のない自信こそ、自己信頼感の正体**です。わたしたちは自分を信じることができるから、どんな困難な状況でも人生を切り拓いていけるのです。

自己信頼感が高まると、困難をしなやかに乗り越え、**自分自身で回復させることができ、再び立ち上がることができる**ようになります。つまり、何度も何度もやる力が出るのです。

「この子はすぐに自信を失ってしまう」とお母さんが落ち込んで、子どもに向かって

自己信頼感を高める4つの窓

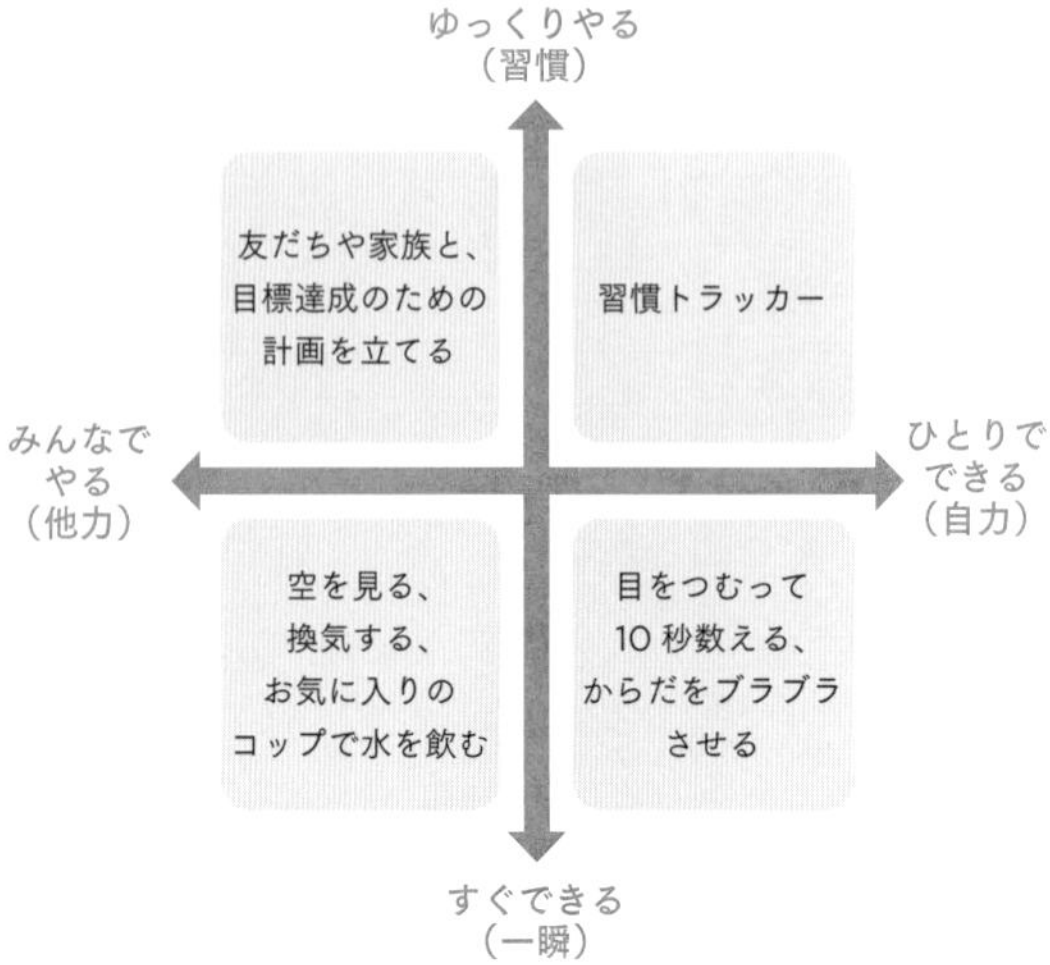
ゆっくりやる
（習慣）
友だちや家族と、
目標達成のための
計画を立てる
習慣トラッカー
みんなで
やる
（他力）
ひとりで
できる
（自力）
空を見る、
換気する、
お気に入りの
コップで水を飲む
目をつむって
10 秒数える、
からだをブラブラ
させる
すぐできる
（一瞬）

「まったく、情けない！」などと嘆いてしまうことがあります。そうすると子どもは、具体的にどうすればいいかわからないにもかかわらず、「自分は情けない」というレッテルを貼って生きていくことになります。そのまま大人になって、社会人になって仕事をしたり、恋愛をしたり……あまりうまくいきそうにないですよね？

自己信頼感は**自分自身に対して「できる！」と思えるようになること。**「できる」と思える自分がここにいる、という感覚です。

自己信頼感がなければ、自分の可能性も信じられなくなってしまいます。自分で自分に勝手に制限を設け、可能性を閉じてしまいます。

自己信頼感が高まると、自分で自分を信じられるため、自分の価値観にしたがうことができるようになります。まわりがどんなことをいおうと、自分の道を進むことができるようになるのです。

また、自分を信じられるので、直感力も磨かれます。何か予想外のことが起きたとき、自分の直感にしたがって行動できるようになるのです。

そんな自己信頼感を高める方法を、**「ゆっくりやる（習慣型）」「すぐできる（瞬発型）」「1人でできる（自力）」「みんなでやる（他力）」**の4つのカテゴリにマトリクスにまとめました。

とくにおすすめなのは、**「習慣トラッカー」**です。習慣トラッカーとは習慣にしたいことをリストアップして、できたかどうかを毎日チェックする一覧表のようなものです。できたという小さな自信の積み重ねが、大きな自信を育むのです。

自己信頼感を高めるワーク

● 習慣トラッカー（巻末13ページ）

5

自己決定感

自分で決められる
という感覚

…Achievement（達成する力）

「自己決定感」は「木の花」
――自立できる子になっていく

自己決定感は自己肯定感の木の「花」にあたります。主体的に自分で決めていくことで、花は開きます。主体的であれば、木は花という多くの人生の選択肢を咲かせます。

自分らしい人生を切り拓き、花を咲かせるためには、ものごとを自分で決め、歩んでいく必要があります。自己決定ができると選択肢が広がり、そこから主体的に「これ！」と選択することができるようになります。

自己決定感が低下すると、まわりへの依存度がアップします。依存的な態度が定着すると、「だれかに聞かなくちゃ」「お母さんならなんていうかな（お母さんのいいそうな答えにする）」となり、だれかの決定にしたがうのが当たり前になります。

いざ何かを決断しなければならないときに、同じところで足踏みをつづけることになるのです。社会に出たときにだれかの指示がないと動けない「指示待ちくん」は、

自己決定感を高める4つの窓

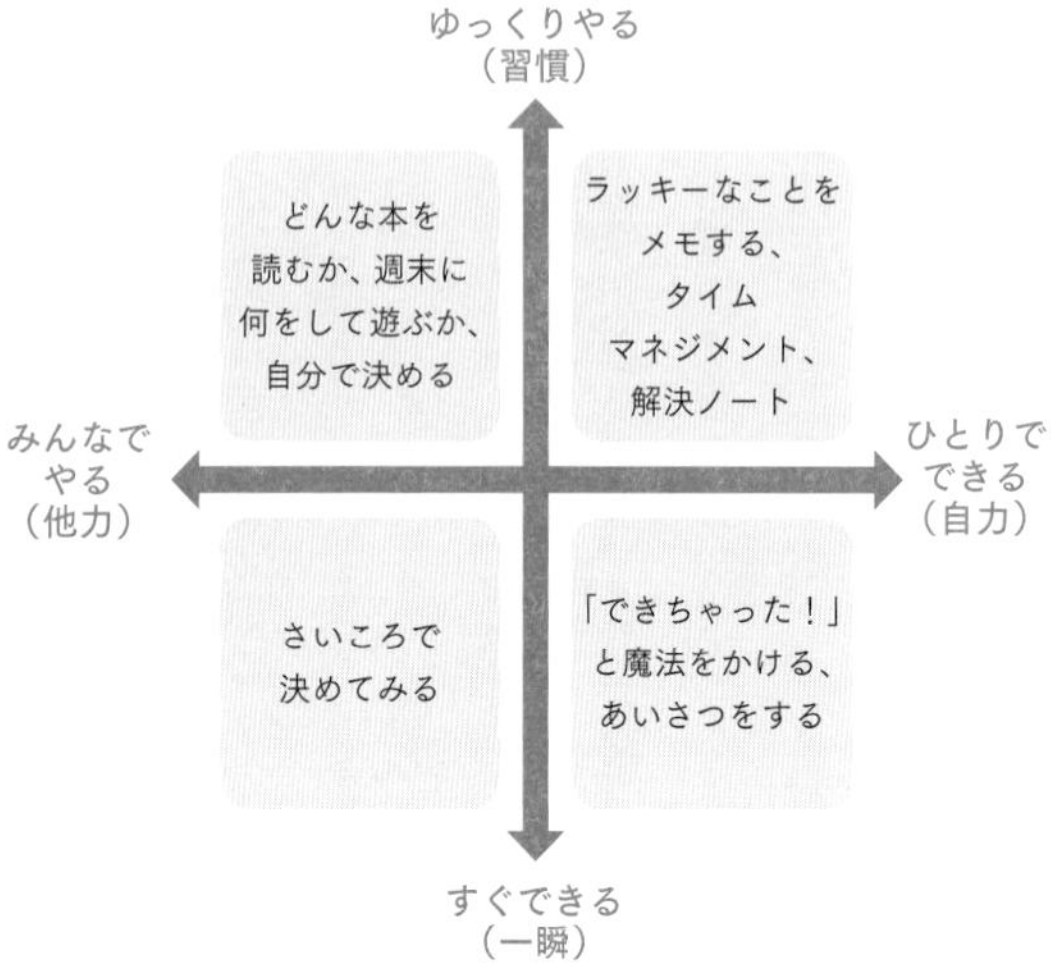
ゆっくりやる
（習慣）
どんな本を
読むか、週末に
何をして遊ぶか、
自分で決める
ラッキーなことを
メモする、
タイム
マネジメント、
解決ノート
みんなで
やる
（他力）
ひとりで
できる
（自力）
さいころで
決めてみる
「できちゃった！」
と魔法をかける、
あいさつをする
すぐできる
（一瞬）

まさに自己決定感が低下しているのです。

また、人と比較してばかりで優柔不断になるのも、自己肯定感が下がっている証拠。**自己決定感が高まると、目標達成する力がつきます。**

これは社会に出たときに求められる力です。何かを決定する、数字を達成する、営業をする、新しい企画を立てる、新しい商品をつくるなど、すべてにおいて、自己決定感が低いと困ってしまいますよね。

人生を楽しむためには「自分で決めた！」「ワクワクするからやる！」「楽しそうだからこっちにする！」という自己

決定感が必要なのです。

「自分で決めた！」という自己決定感をどれだけ多く経験し、乗り越えたかで、人生の幸福度も決まってきます。自分で決めて進むことは、本来とても楽しいことです。小さいときから、できるだけ子どもには自分でものごとを決めさせてあげましょう。もちろん、重要な決断や難しい判断は親の助言やサポートが必要ですが、自分で選ばせること、決めさせる経験は必要です。

小さなことでOKです。買いものに行ったときに「どのお菓子が食べたい？」など と選ばせてもいいですし、「夏休みの宿題、何から手をつけるか、順番を考えてみよう」と、子どもの意見を優先しつついっしょに考えてみるのもいいでしょう。

自己決定感を高める方法を、**「ゆっくりやる（習慣型）」「すぐできる（瞬発型）」「1人でできる（自力）」「みんなでやる（他力）」**の4つのカテゴリにマトリクスにまとめましたので、こちらもぜひ参考にしてみてくださいね。

自己決定感を高めるワーク

- タイムマネジメント（巻末14ページ）
- 解決ノート（巻末15ページ）

6

自己有用感

自分は何かの役に立っている
という感覚

…Engagement（未来を切り拓く力）

「自己有用感」は「木の実」
——自分らしさを発揮できるようになる

自己有用感は自己肯定感の木の「実」の部分です。 自己有用感があってだれかの役に立ち、相手に喜ばれると、さらに自己肯定感が高まっていきます。おいしい実がなり、それをバトンのように手渡すことで新たな芽が育っていきます。実が多ければ人生の収穫である幸せや成功も多く、同時にまわりの世界を豊かにします。

自己有用感が高まると、自分は多くの人によって支えられているという安心感を得ることができます。 すると、自然とだれかの役に立ちたいと思え、行動に移すことができるようになるのです。たとえばだれかのために行動したことで「ありがとう」といってもらえると、もっと役に立ちたいという幸福感が生まれますよね。

人はだれかの役に立ったとき、最大の幸福を感じるのです。 そしてそれが、「ありがとう」という感謝の気もちにつながっていき、あなたのおかげで自分がここにいるという人生の充足感に直接結びついていきます。

自己有用感を高める4つの窓

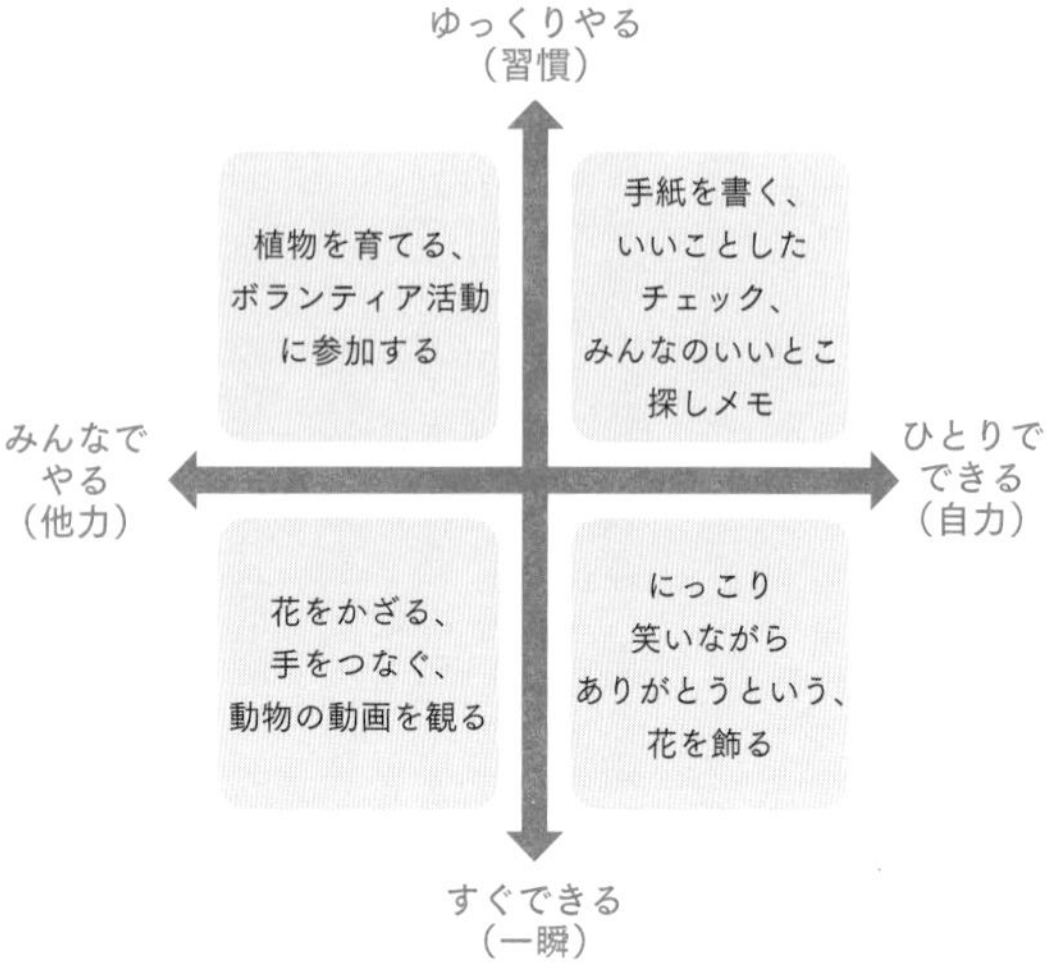
ゆっくりやる
（習慣）
植物を育てる、
ボランティア活動
に参加する
手紙を書く、
いいことした
チェック、
みんなのいいとこ
探しメモ
みんなで
やる
（他力）
ひとりで
できる
（自力）
花をかざる、
手をつなぐ、
動物の動画を観る
にっこり
笑いながら
ありがとうという、
花を飾る
すぐできる
（一瞬）

これは、**自分のためよりだれかのために、自分らしさを発揮して未来を切り拓いていくエンゲージメントという感覚**が育まれるためです。

この感覚には「利他《りた》」という感情が大きくかかわっています。**利他のこころが生まれると、人と人を結びつける力がつき、自動的にコミュニケーションがどんどん上手になっていく**というメリットもあります。

自己有用感が低いと、ものごとをあきらめやすくなってしまいます。なぜなら人は本来、自分のためだけにがんばることは、極端に苦手なものだからです。だれからも期待されていない状態では、力を出すことはできません。だれも見ていてくれなければサボってしまい、継続することもできないでしょう。

子どもの自己有用感を高めるには、承認のキーワードが有効です。子どもが家事を手伝ってくれた、肩をもんでくれた、なんでもいいです。子どもがやっていることに「気づいて」あげて、「ありがとう」「助かった」「うれしい」と伝えてあげましょう。

だれかのために役に立てる喜びと、それを実感できる幸福感、充実感。自己有用感は幸せに生きるために欠かせないものなのです。

そんな自己有用感を高める方法を、**「ゆっくりやる（習慣型）」「すぐできる（瞬発型）」「1人でできる（自力）」「みんなでやる（他力）」**の4つのカテゴリにマトリクスにまとめましたので、こちらもぜひ参考にしてみてくださいね。

自己有用感を高めるワーク

- いいことしたチェック（巻末16ページ）
- みんなのいいとこ探しメモ（巻末16ページ）

「6つの感」のどこが低くなっている？
——自己肯定感チェックシート

「6つの感」いかがでしたか。

わが子はどの感が低くなっているかな？ わたしはどうだろう？……と思った方もいると思います。

117ページからの「自己肯定感チェックシート」の結果を再度、確認してください。じつは、**「自己肯定感チェックシート」で投げかけた12の質問は、「6つの感」の状態を測る問いにもなっていたのです。**〇がついた〝感〟が低くなっているということですから、ぜひチェックしてみてください。

「6つの感」はそれぞれが密接につながり、連鎖的な影響を与え合いながら自己肯定感を形づくっています。1つの「感」が高まれば、ほかの「感」にもいい影響があります。まずはどの「感」が下がっていたかを知り、その「感」を高めることからはじめてみましょう。

10歳までの
自己肯定感チェックシート

6つの感のどれが下がっている?

117ページで行ってもらった「自己肯定感チェックシート」の結果を再度、確認してください。じつは12の質問は、“6つの感”の状態を測る問いにもなっています。つまり、〇のついた項目の感覚が低くなっているということです。

		〇 or ✕	
1	先生やお母さん、お父さんにほめられないとやる気が出ない		自尊感情
2	自分のいいところって何? と聞かれても見つけられない		自尊感情
3	友だちのしていることがうらやましく感じてしまう		自己受容感
4	友だちに嫌われているのではないかとさみしい気もちになることがある		自己受容感
5	やりたいことがあっても「失敗したらどうしよう?」と思ってしまう		自己効力感
6	うまくいかないことがあると、投げやりになってしまうことがある		自己効力感
7	知っている人に会ったとき自分からあいさつするのが恥ずかしい		自己信頼感
8	みんなの前で話をしたり歌をうたったりするのが苦手		自己信頼感
9	毎朝、自分で服を選ぶのではなく、親の出してくれた服を着て出かけることが多い		自己決定感
10	何かを決めるときに友だちと同じものを選んでしまいがち		自己決定感
11	まわりの人に注意されるとすぐにすねてしまう		自己有用感
12	自分より小さい子が困っていても、何をしてあげればいいかわからないことがある		自己有用感

10歳から思春期までの自己肯定感チェックシート

6つの感のどれが下がっている？

118ページで行ってもらった「自己肯定感チェックシート」の結果を再度、確認してください。じつは12の質問は、“6つの感”の状態を測る問いにもなっています。つまり、〇のついた項目の感覚が低くなっているということです。

		〇 or ✕	
1	鏡で自分の顔を見るのが嫌なときがある		自尊感情
2	LINEの返事がないととても気になる		自尊感情
3	学校や家でちょっと注意されると落ち込んでしまい、立ち直るまでに時間がかかる		自己受容感
4	まわりの目が気になって、自分から話しだしたり行動したりすることができない		自己受容感
5	ふとした瞬間「無理」「疲れた」「嫌だ」「終わった」などネガティブな言葉がこぼれてしまう		自己効力感
6	ぼく（わたし）ががんばらなくてもほかの子ががんばるからいいやと思う		自己効力感
7	先生や友だち、親からいわれた何げないひと言がずっと気になってしまう		自己信頼感
8	やるぞと決めても、まわりの人の目が気になり、ためらってしまうことがある		自己信頼感
9	外食先で何を食べるかなかなか決められない		自己決定感
10	将来や進路のことを考えると、憂うつになる		自己決定感
11	新しいことに挑戦したいなと思っても、「どうせ無理」「自分はできない」と勝手に限界を決めてしまっている		自己有用感
12	電車やバスから降りるときや自転車に乗っているとき、ノロノロしている人にイライラしてしまう		自己有用感

お母さん、お父さんのための自己肯定感チェックシート

6つの感のどれが下がっている？

119ページで行ってもらった「自己肯定感チェックシート」の結果を再度、確認してください。じつは12の質問は、“6つの感”の状態を測る問いにもなっています。つまり、〇のついた項目の感覚が低くなっているということです。

		〇 or ×	
1	ほかの子どもと比べて自分の子どもの成長を遅く感じてしまい、気になってしまう		自尊感情
2	他人から「いいママ」「いいパパ」と思われたい		自尊感情
3	子どもが自分のいうことを聞いてくれないとイラっとしてしまう		自己受容感
4	子どもを感情的に怒ってしまい、あとで落ち込んでしまいがち		自己受容感
5	ふとした瞬間に「無理」「忙しい」「疲れた」「つらい」などネガティブな言葉がこぼれてしまう		自己効力感
6	育児がつらくても、自分ががんばらねばと思い、人に頼ることができない		自己効力感
7	自分の子育てが間違っていないかいつも不安だ		自己信頼感
8	まわりの目が気になって、子どもがやろうとしていることを止めてしまう		自己信頼感
9	学校行事のときの服装選びにとても悩む		自己決定感
10	PTAや子どものクラスの親のグループLINEのやりとりに振り回されてしまう		自己決定感
11	本当はやりたいことがあるのに、子育てを理由にあきらめてしまっている		自己有用感
12	夫（妻）や親（義母・義父）や学校などとの子育てに関するやりとりに疲れてしまっている		自己有用感

「コップに水が入ってない」ではなく「入ってないなら何を入れよう」

よく知られていますが、**「コップの水理論」**というものがあります。

「コップに水が半分しか入っていない」のではなく、「コップに水がまだ半分もある」と考えましょう、といわれるものです。「まだ半分もある」というのが、ポジティブ思考などといわれます。じつは、自己肯定感の場合は、その先があります。

「コップにあと半分何か入れられるなら、何を入れようかな?」

そうです。コップの残り半分に好きなものを入れてみよう、そう思えるのが自己肯定感です。ソーダを入れてみようかな? ブルーベリーも入れてジュースにしてみようかな?――その子にしかつくれない、オリジナルの飲みものをつくっていく**主体性と創造力の源泉は、自己肯定感**なのです。**自己肯定感を高めることこそが、その子の個性を生かして、自分らしく生きるということ**です。

これからの時代、知識についてはいくらでも、ChatGPTなどAIがやってく

子どもの将来の自立への不安（全学年・学年別／性別）

保護者の方への質問

Q お子さまの教育について、
次のことはどれくらいあてはまりますか。
「子どもが大人になったとき自立できるか不安である」

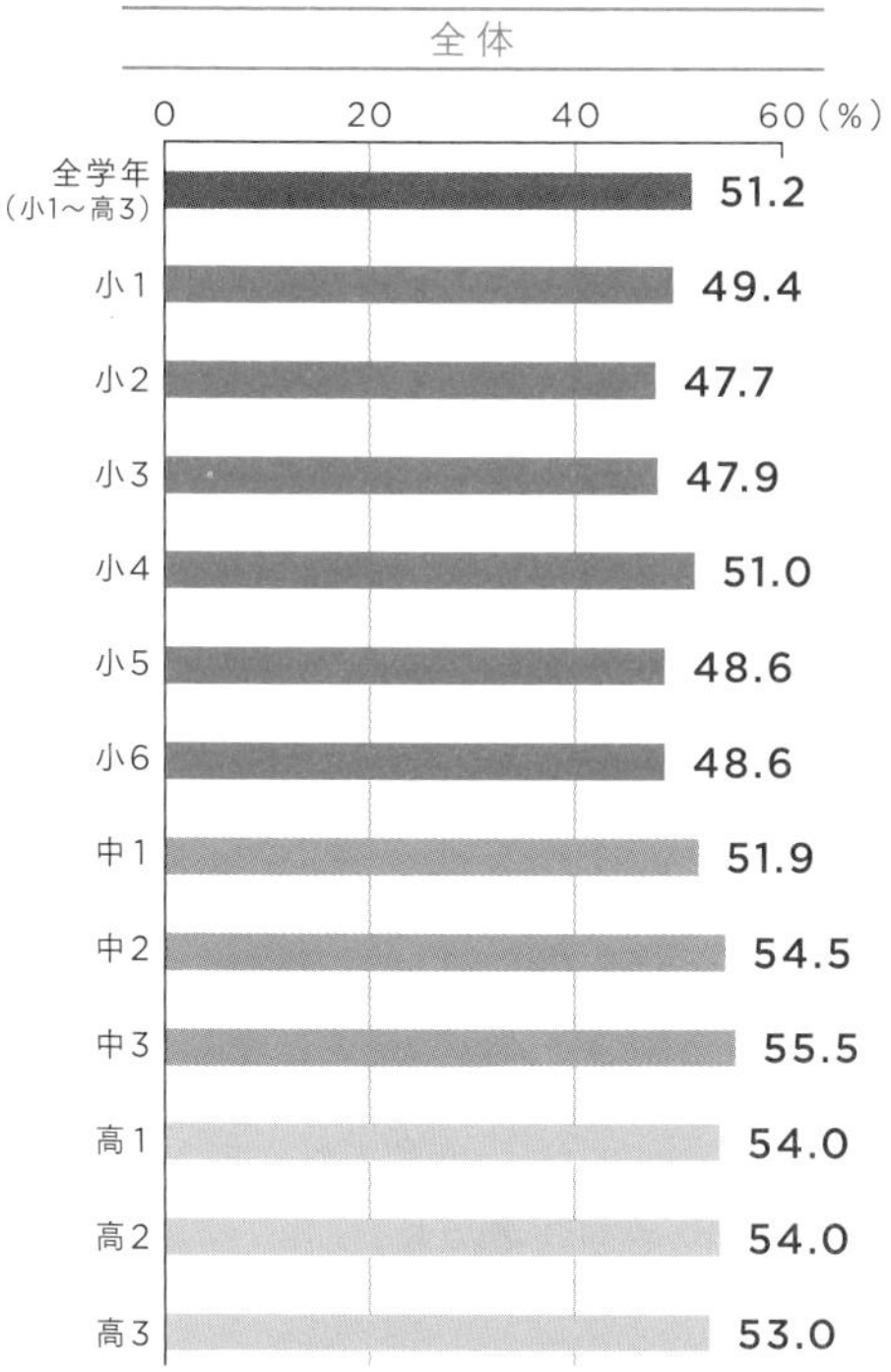

	全体（%）	女子（%）		男子（%）
全学年（小1〜高3）	51.2	47.0	＜	55.4
小1	49.4	46.3	＜	52.2
小2	47.7	45.3		50.2
小3	47.9	46.3		49.6
小4	51.0	46.9	＜	55.3
小5	48.6	42.6	≪	54.7
小6	48.6	42.4	≪	54.9
中1	51.9	45.8	≪	58.2
中2	54.5	51.9	＜	57.0
中3	55.5	50.2	≪	60.6
高1	54.0	50.8	＜	57.1
高2	54.0	49.2	＜	58.7
高3	53.0	47.5	≪	58.3

※「とてもあてはまる」＋「まああてはまる」の％
※性別で5ポイント以上差があるものは＜＞、10ポイント以上差があるものは≪≫で示している。

出典：東京大学社会科学研究所・ベネッセ教育総合研究所「子どもの生活と学びに関する親子調査2015」
ベネッセ情報教育サイト

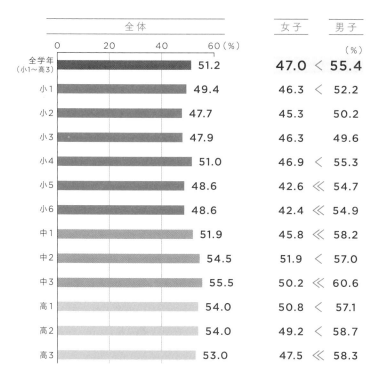

れます。だからどれだけ自分らしいクリエイティビティを生かしていけるか、ということがとても大切になっていきます。

子どもの将来の自立に不安を感じている親御さんはとても多いものですが、もし不安に思うのなら、ぜひ子どもの自己肯定感を高めてあげてください。**自己肯定感の6つの感を育むことによってその子は自分らしい個性を発揮して生きていくことができます。**世界で活躍できる人、多くの人から求められる人になるための土台をつくってあげましょう。

Q8

運動神経がいまひとつのわが子。スポーツが得意ではないことで自信を失っているようです。自信をつけさせる方法があったら教えてください。（10歳男児）

10歳前後の時期にスポーツが得意でないということが、自己肯定感を下げてしまうことは事実です。ちょうど10歳くらいから、自分と他人を比べて優劣をつけるようになってくるからです。とくに学校では体育の授業があるため、むしろ勉強よりも能力の差が目につきやすく、友だちと比べて落ち込んでしまうこともあるでしょう。

それをカバーしてあげるための方法を紹介します。

1つ目は、**成果ではなく、とり組みを評価すること**。これまでもお話ししてきたように、努力やプロセスに注目することです。「あなたががんばったとり組み（姿勢）はすごいと思うよ」ということです。

2つ目は、**別の分野で自信がつくように、多様な興味を引き出してあげることで**す。「あなたは字がきれいだから、書道をやってみたら？」、あるいは同じスポーツでも球技は苦手でも器械体操は比較的できるのであれば、「あなたは、跳び箱やマット運動は得意なんだから、器械体操とかがんばってみたら？」など、肯定的な対話のなかでうながしてみましょう。

ご相談を受けるなかでわたしがよく感じるのは、**そのときの流行をあまり気にしないでほしい**ということです。どういうことかというと、サッカーがはやっているからサッカーをやらせている、でもやる気がないとか、得意ではない、と悩む親御さんが一定数いらっしゃるのです。でもまったく違う分野なら喜んでやるかもしれませんし、得意かもしれません。

「子どもにコミュニケーション能力や社会適応能力がつくから、チームスポーツをやらせたい」と考えて、何がなんでもサッカー、野球をやらせたい、などとこだわるよりも、その子は個人競技で本領を発揮するかもしれません。もしくは、まったく違う音楽の分野に楽しみを見つけるかもしれません。1つのメリットにとらわれず、その子の個性を見てあげるほうが、結果として自己肯定感を高めることにつながります。

この時期のお子さんには、**型にはめず、たくさん選択肢を与えてあげましょう**。

Q9

手先が不器用で動作が遅いので、集団生活をしているとどうしても友だちと比べて「できない」ことを自覚する機会が多いようです。「友だちはできているのに自分はできない」という気もちをもってしまった場合の対処法を教えてくださ い。(6歳男児)

小さいころから人と比べることが定着してしまっているのでしょう。もしかすると、お母さん、お父さんご自身がほかの子と比べるような発言を無意識にしてきてしまったのかもしれません。そうなると、小学校に入学してからはより一層、集団生活のなかで、「人よりもできないこと」のほうに目がいくようになってしまいます。

でも大丈夫。いまは自信を失っている状態ですが、やれることはあります。小さな成功体験を繰り返すこと。そして、そのたびに**「すばらしいね」と称賛の言葉を伝えてあげる**ことです。成功体験といっても、本当に小さなことでいいのです。

ピースの数が少ないパズルゲームをやらせて、完成したら「すごいね、よくできたね」「昨日より5分早くできたね」と伝える。遊園地ではじめての乗りものに乗って「楽しかったねー。こんなスピードがはやい乗りものにも乗れたね」と伝える。週末に家族でスーパーに買いものに行って、子どもに商品を全部もってきてもらい、「全部そろった、助かった！」と伝える。

その子の年齢、能力に合わせたものでOKです。小さい子ならお手伝いをしてくれたことでもいいですし、もう少し大きくなったら、勉強や習いごとに関してでもいいでしょう。何か賞をとったとか、合格したなどということではなくても「休まず通ったから、皆勤賞だね」など、つづけていること、がんばっていることをしっかり伝えてあげましょう。

親御さんにぜひお伝えしたいのは、**「なんとなく」ではなく「本気で」やってほしい**ということです。6歳という年齢ですでに自信を失ってしまったお子さんには、家庭でしっかり意識していかないと、中学・高校と進んだときに本当に自信のないお子さんになってしまう可能性があるからです。

1つのことに対して、夫婦で10個ほめ言葉を伝えるくらいのつもりで、「何個伝えられたか」をメモするくらいの行動をとっていただくと、とてもいいと思います。

最後に、自分は不器用で動作が遅いと思い込んでいる子どもには、ぜひリフレーミング（64〜65ページ参照）してあげてください。

こうしたお子さんはもしかすると小さいときからお母さんに「早くして！」などといわれてきた可能性があり、「早くすることがいいこと」と思い込んでいるかもしれません。もしかしたら、動作が遅いだけで、ゆっくりていねいにやる子だったり、頭のなかでしっかり考えてから行動する慎重な子、じっくりとり組む子だったりするのです。ですから「ていねいにとり組んでいるね」と**リフレーミングして肯定的にとらえ方を変えてほめてあげる**ことも、自信につながると思います。

Q10

友だちやアイドルと比べて自分の外見が気になるようです。親はどう対応すればいいのでしょうか。（11歳女児）

とくに女の子のお子さんで小学校も高学年になると、外見が気になりはじめますよね。外見が気になりはじめるのは、ネガティブなところを受け入れられなくなっているところがあって、自己受容感が低くなっていることが多いのです。

とくにこの時期は自己受容感がとても大事です。**自己受容感が高ければ、「わたしはわたし」「あなたはあなた」でそれぞれ「いいね！」と思える**のですが、低くなってしまうと、自分の悪いところに目がいき、相手のいいところばかりを見てしまいます。

ですから肯定感情と肯定脳ができるようなことをたくさんすると効果的です。たとえば、朝「ヤッター！ポーズ」をするのもいいでしょう。

また、**鏡のなかの自分にポジティブな言葉をかける**のは、一瞬で自己肯定感がアップするおすすめの方法です。鏡のなかの自分に「今日もかわいいね」「髪型が似合ってる！」「今日もいい感じだね♪」など、ポジティブな肯定語を伝えるのです。ぜひ娘さんに教えてあげてください。

これは、こころからそう思えなくても大丈夫。**とにかく顔を見てポジティブな言葉をかけることがポイント**です。

親ができる言葉かけとしては、2つやり方があります。まず1つ目が、日常生活のなかでのいい変化や、やっていることをどんどん認め、ほめてあげること。「クラブ活動をがんばっているのは、本当にすばらしいことだと思うよ」「ノートの字がすごくわかりやすい！ていねいに書いているね」など。外見は変わるものではありません。そこをあえて親御さんがほめるよりも、ほかの部分をどんどんほめてあげるのです。

2つ目が「リフレーミング」です。たとえば、お母さんがメイクをしているときに、独り言のように「メイクするときって悪いところを隠すんじゃなくて、いいところを目立たせるといいんだよね」といってみる。「短所だと思っていることは長所に変わるんだよ」ということを伝えるのです。**「それがあなたの個性だよ」「それがあなたのいいところだよ」ということも伝えてあげてください。**

Q11

10歳から不安感が強くなった男の子。口ぐせは「どうせおれなんて」……。どう接すれば、子どもの不安感をぬぐえますか？（12歳男児）

まず**不安感を解消するには、安心感を与えることがいちばん**です。

家庭ではぜひ、子どもが安心感をもてる環境をつくってあげてください。

心理学の用語で「心理的安全性」というものがあります。自分の気もちや意見を安心して表現できる状態のことをいいます。子どもが思い切り感情を表現する場を提供したり、不安や心配を話しやすい環境を整えましょう。家族で楽しい場所に行って大きな声を上げて笑ったり、家庭ではほんの少しの時間でもいいので、ホッとする時間をもてるようにするといいですね。

「どうせおれなんて」といわれてしまうと、どう答えていいかわからないという親御さんもいるでしょう。「そんなことないよ」などと根拠なく否定しても、子どもには伝わりません。そんなときは素直に「なんでそう思うの？」と聞いてみるのもいいですね。お子さんが少しずつこころを開いて話してくれるかもしれません。

そして、**才能や結果ではなく、努力やプロセスをほめましょう**。たとえば「頭がいいね」「足が速いね」「さすがお兄ちゃん！」「さすが男の子だね」などというのは、才能や結果です。それよりも「今回テストの前によく勉強していたね」「走るスピードが速くなったね。たくさん練習したからだね」「いい走りをしてたよ」などという感じのほめ方がいいでしょう。

また、あまり同年代の子がやらない習いごとをさせてあげるのもいいでしょう。できるだけ比較対象がないほうが、彼の自己肯定感につながりやすいからです。たとえば英語ではなく中国語を習う、サッカーではなく器械体操を習う、**本人が楽しいと思えるものならなんでもいい**のです。

Q12

子どもが小学3年生になり、職場復帰したとたん、子どもが登校拒否になってしまいました。子どものためを思うと仕事を辞めたほうがいいですか？（9歳男児）

このようなご相談をいただくことはよくあります。そのとき、ぜひ向き合ってほしいのが、お母さん自身です。お母さん自身が職場復帰をして、自己肯定感が高くなったか低くなったかを知ってほしいのです。職場復帰して、お母さん自身は楽しいですか？　本当に仕事がしたいですか？

あまり仕事が楽しくない、本当はあまり働きたくないという人もいるかもしれません。お母さんの自己肯定感が下がっていれば、**子どもは身近な大人の影響を受けます**から、同じように下がってしまうものです。

もしお母さんの自己肯定感が下がっているようなら、ぜひご自分の自己肯定感を上げることを考えてみてください。そのうえでお子さんとじっくり対話していきましょう。登校拒否の状態になると、どうしても会話が深刻になってしまいがちですが、何げないコミュニケーションをたくさんとることで、お子さんの自己肯定感が高まり、エネルギーも出てくるのです。

家庭だけで抱え込まず、学校の先生と連携をして、どんどん協力をお願いすることも大切です。仕事と子育ての両立が困難だと思ったら仕事のスケジュールや勤務時間について職場と相談し、子どもをサポートするための時間を確保するようにしましょう。また、必要に応じて子どもの心理的なサポートを専門家に依頼することも検討してみてください。**心理カウンセラーや専門家のアドバイスを受ける**ことで、子どものこころの問題に適切に対処することができるようになる可能性もあります。

自己肯定感を底上げする おうちでできる10の法則

自己肯定感を高めるために、家でお母さん、お父さんができることを10個まとめました。**自己肯定感はまず家庭に「安心感」があることが大切**ですが、その安心感も盤《ばん》石《じゃく》にする方法です。親子でいっしょにできるワークも紹介しますね。

①「コーチ」としてふるまう

子どもが10歳を過ぎたら、できるだけコーチという立場でふるまいましょう。保護者という立場では、どうしても入り込んでしまいますし、ティーチャーという立場ではどうしても自分の意見を押しつけがちになってしまうためです。

コーチングとはある目標に向かって伴走者となりゴールまでそばについていることです。その子の個性をつぶさずにいっしょに走り、必要に応じてサポートする立場に徹する気もちでいることで、**親も楽に子育てができるようになります。**

②子どものＷｉｓｈ（願い）を見える化する

「Ｗｉｓｈリスト（巻末8ページ）」は自分のもつ願い（Ｗｉｓｈ）をノートに書き出していくワークです。これを使って、子どもの願いを見える化してみましょう。**楽しみたいこと、実現したいこと、望んでいることを思いつくままに書くことで、それを実現したいというモチベーションが高まってきます。**

③子どもの現在を見える化する

「ライフチャート（巻末11ページ）」は、子どもの「いま、ここ」を再確認し、自己肯定感を強くするための足がかりをつかむトレーニングになります。**子どもの時期からこうして「自分を知る」という作業をすることは、認知能力を高めます。**

④子どもといっしょにリフレーミングしてみる

「リフレーミング（64〜65ページ）」は、ネガティブな感情をポジティブな感情に書き換える方法です。たとえばお子さんにキッチンからリビングまで飲みものを運んでもらうときに「こぼさないでね」ではなく「しっかりもっていってね」と声かけをすると、お子さんは飲みものをこぼさずにもってくることができます。

「リフレーミング」は否定語を肯定語に変えるトレーニングです。「不器用、動作が遅い」→「少しずつ、ていねいだね」というように、変換することで、「うちの子ってこんないいところがあるんだ」「お父さんは、こんなふうに考えているんだ」と理解し合えますし、家族全員が安心感をもてるようになります。また、**言葉をいい換えるトレーニングなので、思考力、表現力も高まります。**

⑤お母さん、お父さんの過去を語る

お母さん、お父さんが過去を語ることは、ものすごく大事なことです。

「お母さん、お父さんはこんな人生を歩んできたんだ」「だからぼく（わたし）にこんなことをいうんだ」と理解することが子どもにはとてもいい経験になるのです。

たとえば「じつは小学校のとき、お父さん、いじめられたことがあったんだよ」「お父さんは高校受験で失敗したんだよ」とか、「お母さん、転職するとき大変だったのよ。面接がうまくいかなくて」「高校生のとき、好きな男の子にフラれちゃって……あのときは泣いたな～」など、話せる範囲でいいので、失敗談も含めてたくさん

話してあげてください。**親子の絆も深まる**でしょう。

子どものときから、このようなことを知っておくと、**情緒豊かになりますし、お母さん、お父さんのことも肯定的に見られるようになるでしょう。**

⑥子どものいまの問題を見える化して、長所を伸ばす

親子で「解決ノート（巻末15ページ）」をやりましょう。

「解決ノート」は、解決したいことに対して、周囲の人たちからどういう助けが得られるかを明確にしていくワークです。いま、お子さん自身が問題だと思っていることを中央に書き、**子どものいまの問題を見える化**します。

人に頼ることができない子もいます。こうしたワークを利用して「この部分は人に頼っていい」「この部分は自分で向き合わないといけない」ということが、子どもなりにわかってきます。

⑦子どもにお母さん、お父さんのバケットリストを話す時間をつくる

「バケットリスト」で、**子どもが深く親のことを知る時間をつくりましょう。**「バ

ケットリスト」とは、「もし5年後に死ぬとしたら」という仮定をして、「これだけは絶対にしておきたい！」と思うものを書き出すものです。

これをお母さん、お父さんが子どもに話すことで、子どもは「お母さん、お父さんはこんなやりたいことがあるんだ。そのなかでぼく（わたし）と接しているんだ」ということがわかります。すると、**親に対する情緒面での理解力が高まるのです。これは、子どもの非認知能力を育てるうえでもとても有効です。**

ほとんどのご家庭で、お母さんお父さんがやっておきたいことを話す機会などないのではないでしょうか。ぜひこの機会を使ってやってみてください。

⑧家族1人ひとりのアニバーサリー感謝DAYを企画する

これは、よくセッションで家族不和のご家庭にやっていただいたものです。

家族1人ひとりのアニバーサリー感謝DAYとは、誕生日だけではありません。月1回、アニバーサリーを企画します。大げさなものでなくてもかまいません。

たとえば「家族でごはんを食べに行く」でもOKです。ただし「週末だから、みんなでごはん食べに行こうか～」みたいなダラーンとしたものではなく、**ちゃんとテー**

子どもの自己肯定感の教科書

何があっても「大丈夫。」と思える子に育つ

Special thanks

松本順子 山極孝司 宮本晋次 本郷すみれ 月﨑博美 川澄孝子 百田美砂
松林秀典 安田典子 天真野宇 本間裕子 髙橋亜津子 吉住笑子 小川育子
木島めぐみ 深津葉子 恩地李果 久保田裕 紙﨑　頼範 村山奈緒美
大久保みどり 久松卓 井上みちお 渡辺眞希 中島香織 小堀香緒里
大﨑利紀子 髙橋和子 三宅しのぶ 児玉有美 嶋谷由佳理 矢永正治 和田 朋子
野村和泉 原野のり子 乗秀直子 高畑絹代 長下部智子 兼平洋紀 小山淳子
山澤知姫 たけうちよしこ 宮内健輔 塚田明美 桜井雅美 髙橋理恵 三田あき子
岡田和美 櫻たかこ 中村睦美 西口奈鶴子 関恵利子 米崎美智子 稲月仁一 飛田剛

自己肯定感アカデミー

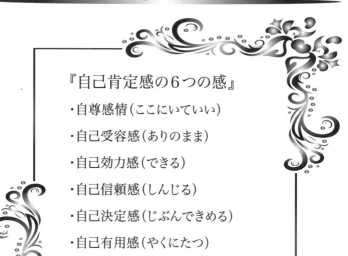

もしあなたが5年後死ぬとしたら？

バケットリスト

もしあなたが5年後に死んでしまうとしたら、「これだけはしておきたい！」と思うことは何ですか？ 思いつくままに書き出してみましょう。

書き出したなかから5つだけ選び、「これをしなければ絶対に後悔する」と思う順番にランキングをつけましょう。

順位	ランキング	その理由
1位		
2位		
3位		
4位		
5位		

書いたものを眺め、「気づいたこと、感じたこと」「これからの人生に生かしたいこと、注意しておきたいこと」を記しておきましょう。

マがあることがポイント。「お父さん1つ大変な仕事が終わったから」「お母さん、今週は仕事をよくがんばったから」「学校のイベントやテストが無事終わったから」など、どんな理由でもいいです。それぞれ「今日はお父さんのために」「今日は○○ちゃんのために」と決めるのもコツです。

そうすると不思議なことに、**子どもの認知力、とくに計画力がついてきて、感情のコントロールもできるようになります。**とくに姉妹や兄弟など同性同士のきょうだいの場合、10歳ごろになるとお互いを意識し合ったり、関係が少しずつ変化することもあります。そんなときにも、1人ひとりが主役になるこの方法は有効です。

⑨家族1人ひとりのタイムラインを話す

家族1人ひとりが、「これから先、何をしたいか」話すというものです。1年後、3年後、5年後、10年後など近い未来から遠い未来まで家族で話すのです。

お母さん、お父さんもぜひ、夢を語ってください。それをお子さんが聞くことが子どもの認知能力、非認知能力を高めます。

たとえば「1年後には英語が少し話せるようになりたい」といったものから、「65

未来にどんな自分になっていたい？

タイムライン

1年後、3年後、5年後、10年後にどんな自分になっていたいか、想像して書いてみましょう。

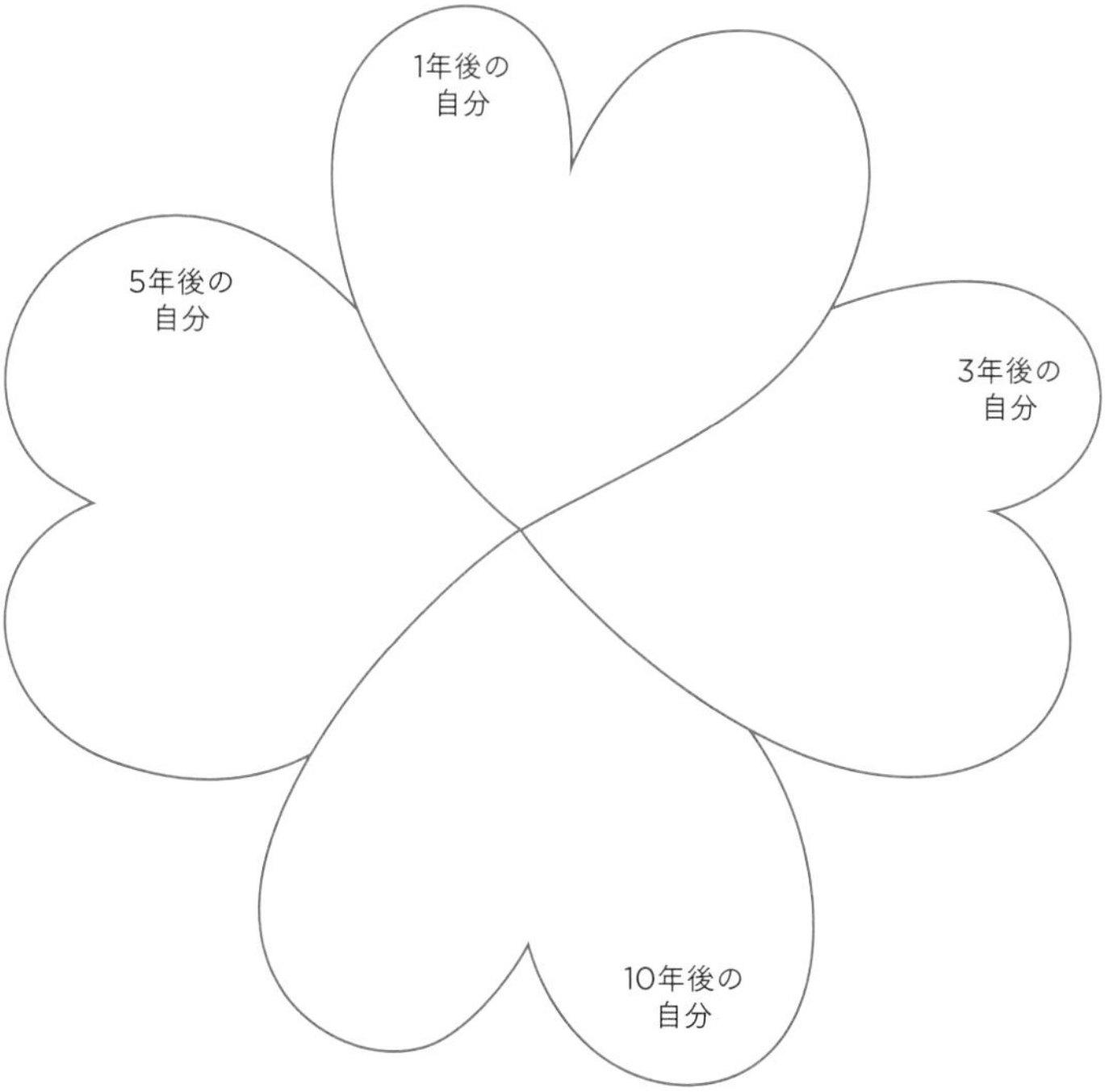

歳になったら会社を辞めて、お父さんは自分で仕事をはじめたいんだ」「80歳になったら、お父さんとお母さんは田舎で暮らしたいんだよね」といったものまで。

子どもはそれを聞くことで「そうか、お父さんはいつか会社を辞めて、お母さんは英語を話せるようになって、田舎で暮らしたいんだ。ぼく（わたし）はどうしようかな」などと、思いを馳せたり、想像したりします。**親を1人の大人として客観的にとらえることができるようになります。**

⑩「今日よかったこと」を見える化する

「スリーグッドシングス（巻末10ページ）」を親子でやります。

1日の終わりにその日を思い返し、「今日よかったこと」を3つ書き出します。ノートに書くのもいいですが、子どもといっしょにホワイトボードなどに書いて見える化すると効果的。冷蔵庫などいつも見えるところに貼っておきましょう。

ポジティブな言葉をいつも目にすることで、勝手に「いいこと」を探す脳になり、自己肯定感もぐんぐん上がっていきますよ。

第3章

子どものタイプ別！自己肯定感の育み方

あなたのお子さんはどのタイプ？「自己肯定感4キッズタイプ診断」とは？

プロローグでも試していただいた、色による自己肯定感の4つのタイプテスト**「自己肯定感4キッズタイプ診断」**を覚えていますか？ この診断のタイプ別に、右脳と左脳をトレーニングする方法をみなさんにお伝えするのが本章の目的です。

その前に、「自己肯定感4キッズタイプ診断」について少し説明させてください。

「自己肯定感4キッズタイプ診断」とは、4色の色彩カードの好き嫌いを聞くことで、**お子さんがどんな「感情」と「本性」を強くもっているのかを瞬時に診断する方法**です。色の好き嫌いがわかりにくい方は、190ページからの質問で診断してください。このテストはわたしの1800人の臨床データに基づいて統計分析されました。

ぜひお子さんを客観的に俯瞰《ふかん》して、自己肯定感を高める子育てに役立ててください。お子さんの個性や特性を発見し、お子さんの「らしさ」を育んでいきましょう。

わたしたちには「理性」と「感情」と「本性（本来もっている個性）」があります。

「理性」とは、人間関係や環境によって培ってきた倫理観・道徳観と、一般的に身につけた社会常識から発露する知的プロセスのことです。「感情」とは、快・不快といった情動から発露される本能。「本性」とは、どんなことがあってもなくならず、ゆるがず、こころの奥底にあります。

感情はころころ変わります。人にほめられればうれしいし、その人を好きだと思うし、いい人と思います。ですが、同じ人から怒られると、今度は、嫌いになったりします。

一方、本性は、本当の自分軸、根源的にゆるがないものです。自分軸、ありのまま、つまり「自分らしさ」とは、感情の奥底にある本性に潜んでいます。「自分らしさ」を手に入れる第1歩は、感情と本性を客観視（メタ認知）することです。

ここではお子さんの感情と本性を客観的に知る方法として紹介しますが、ぜひあなたご自身も試してみてください。

そうすれば、**自分と子どもの違いを知ることができ、子どもの個性を理解し、個性を発揮させられますし、愛情豊かに楽しく子育てをすることができる**はずです。

「自己肯定感4キッズタイプ診断」で子どもの個性が輝く！

「自己肯定感4キッズタイプ診断」は、冒頭で試していただいたように、目で見て直感で好きな色を選ぶか、もしくは190ページからの質問に答えるだけ。それだけで、その子の特性を4つのカテゴリで判断していきます。これは「パーソナリティ理論」の「5因子論（「特性論」の1つ）」といわれるものと同様のまったく新しいテストです。5因子論の5つのカテゴリとは……

1　前向きにものごとを進めることができるか（外向性）
2　人と親しみ、調和を保つことができるか（新知性）
3　感情が豊かかどうか（感情的安定性）

4　好奇心や分析力があるかどうか（知性）
5　善悪を判断する道徳性があるか（誠実性）

これらの5つが組み合わさり、人がそれぞれもつ特性に違いが出て、個性ができあがります。自己肯定感4キッズタイプ診断は、この理論を応用したパーソナリティ分析ですが、けっして決めつけるものではありません。ですから、**わたしはこのタイプ、この子はこのタイプと決めつけないように注意してください。**

わたしたちはすべての感情をもっています。今日の感情はこのタイプ、いままでこころの奥底にあった本性はこのタイプだった。あの子（あの人）のタイプはこれかもしれない、だから、違うんだ。今度はこうやれば、うまくコミュニケーションがとれるかも……と**4タイプの真ん中に立って、つねにあなたらしさ・その子らしさを維持させながら、ほかの人とのコミュニケーションを豊かにしていってください。**

まずはお子さんといっしょに、「赤」「青」「黄」「緑」のなかで、自分がいちばん好きなカラーを選んでみてください。カラーを選んだら、192ページからの診断を読んでいきましょう。

以下の項目のうち当てはまると思うものにチェックを入れてください。
赤、青、黄、緑のカテゴリのうち
チェックの数が多いものがお子さんのタイプになります。

赤

- □ 走り回るなどからだを使った遊びが好き
- □ やりたいと思うと、やってみないと気が済まない
- □ 目標に向かってやったことがうまくいったときに達成感を感じる
- □ いいと思ったらすぐに実行し、夢中になる
- □ リーダーになるのが好きで、向いていると思う
- □ 遊びや勉強で努力しない人を見るとイライラする

青

- □ 少しのことでは慌てずに、落ちついて行動できる
- □ 自分のことよりも友だちが気になり、手伝ってあげたくなる
- □ 友だちや家族など身近な人を大切にしたいと思う
- □ 友だちによく相談される
- □ 親切にしたつもりが伝わっていないとつらくなる
- □ 自分の考えより友だちの考えに合わせようとしがち

自己肯定感4キッズタイプ診断

黄

- □ いろいろなことに興味をもち、試してみたくなる
- □ 流行に敏感で、新しいものを知ると、やってみたくなる
- □ よくやる遊びでも自分で新しいルールを考えて
やってみることが楽しい
- □ 自由が好きで、やったことをまわりから
突拍子もないと驚かれることがある
- □ 飽きるのも早く、すぐに興味がなくなる
- □ 自分のやっていることを
人がどう思うかはあまり気にならない

緑

- □ 運動会の表現や文化祭など人と協力して
何かをつくり上げることが好き
- □ 1人で決めなければならないときより、
みんなで決めるときのほうが安心できる
- □ ルールやマナー、時間を守らない人にはイライラする
- □ 人とのいい争いやケンカは苦手
- □ 友だちがケンカしているのを知るだけで、
つらい思いになる
- □ 目立たなくても、みんなのためと思うとがんばれる

目標達成まで一直線！レッドタイプの子の特徴と強み

レッドタイプ：求めるのは「イキイキと情熱」
目標達成のために情熱を注ぐ人生を歩みます

イメージ：炎、太陽
感情キーワード：活動的、エネルギッシュ、強烈、興奮
プラスのキーワード：情熱的、躍動的
マイナスのキーワード：疲れさせる、せっかち

［レッドタイプの子の特性］

レッドタイプの子どもは強い意志があり、パワフルで向上心があります。

何ごとにも**エネルギッシュに積極的に行動し、自分の愛情を表現する傾向があります。**でも、自分が楽しんでいるときや思い通りにならないと、ヒステリックになったり、焦ってしまったりすることがあるかもしれません。生活のなかで喜びをよく感じ、**行動的で達成感を感じたい傾向があります。**

気の短いところがありますが、怒りはすぐに消えてしまいます。飽きっぽいこともしばしばあるかもしれません。

いいたいことをいいすぎたり、**不快感をストレートに表現してしまい、勘違いされてしまうこと**もあるかもしれません。

多くの人と交流する場でも、もの怖じせずにふるまい、リーダーになることができる人ですが、王様気質で孤独になってしまったり、**孤独に弱**い面があります。

［レッドタイプの子に接するコツ］

レッドタイプの子どもの子育てにおいて、親や周囲の人が大切にこころがけてほしい点は、「人生はもっともっとできることであふれているよ！」「たくさん行動しようね！」という言葉かけをしたり、**アクティブな気もちで接すること**です。

［レッドタイプの子の未来の適職］

あらゆる職種でトップになれる素質をもっています。しかし、能力を正当に評価できる場所でないと、せっかくの才能が埋もれてしまうかもしれません。独立心が強く、自分の力で会社を起こしたいと考える人が多いのもこのタイプのお子さんの特徴です。

独創的なアイデアが、しっかり生かせる環境ならうまくいくでしょう。

〔経営者、企業内での指導者、デザイナー、政治家、現場監督、映画監督、起業家、経営コンサルタント〕

など、**創造性とリーダーシップを生かした仕事が向いている**かもしれません。あくまで指標として参考にしてみてくださいね。

【レッドタイプの子のまとめ】

- 【大切に思うこと】目的や目標達成のために情熱を注ぎ行動すること。
- 【コミュニケーションの傾向】同じ方向にほかの人も向いてほしい。
- 【人間関係の特徴】人を動かす傾向があり、動かない人には批判的になる。
- 【不安や心配の傾向】「失敗してしまうかも……」「本当に成功できるかな？」
- 【同じタイプの人物・キャラクター】織田信長、ミッキーマウス
- 【怒りのスイッチ】行動が阻害されたと感じると、こころのなかから「くそ」「邪魔するな」といった怒りのスイッチが入る。
- 【かかわるポイント】感情と行動が一致する場合が多く、単純。
- 【イキイキとするポジション】ものごとを切り拓き、前進させること。

みんなのためにひと肌脱ぎますブルータイプの子の特徴と強み

ブルータイプ：求めるのは「トキメキと愛」
友愛と献身を大切にして人生を歩みます

イメージ：海、地球
感情キーワード：優しさ、まじめ、謙虚、涙もろい
プラスのキーワード：愛、誠実
マイナスのキーワード：頑固、自己犠牲

［ブルータイプの子の特性］

やさしさや思いやりに満ち、人を支える性質をもっています。感受性が強いため、すぐに泣いてしまったりします。幸せなとき、悲しいとき、こころが傷ついたときなど、多くの場面ですぐに感情がゆさぶられるやさしいお子さんです。

「与えるのが得意」ですが、「受けとるのが苦手」です。謙遜や遠慮をしがちですし、「わたしなんて……」と自己評価も自分で下げてしまいがちです。もっとも**重要なのは、自分はとても愛されるべき、魅力的な存在だということを認識すること**です。

また、人に対してセカンドチャンスを与えることができる寛容さもあります。

ただし、ときとして自分ががまんをしていることにも気がつかず、耐え忍んでしまい、時間があっという間にたち、情に流されやすいのも特徴です。

感情面の絆を必要としているため、他者に尽くせる大きなこころをもっています。すべてのできごとや人を慈しみ、深くかかわり、信頼のある関係を重んじる傾向があります。

そのため、他人のために無理をしたり不健康になったり、もっとがんばらなくちゃと達成感のなさを感じたりします。

ときとして、人間関係をバッサリ切ってしまうことでしか処理できずに、いままで培ってきたものを台無しにしてしまうような状況をつくり出してしまうことがあります。

［ブルータイプの子に接するコツ］

ブルータイプの子どもの子育てにおいて、親や周囲の人が大切にこころがけてほしい点は、「あなたはあなたでいいんだよ！」「自分をもっと大切にしていいんだよ！」という言葉かけをしたり、このような**ソフトな気もちで接すること**です。

［ブルータイプの子の未来の適職］

他者に愛を与え奉仕することがテーマなので、先生やカウンセラー、ナースなどの対人支援に向き、「世話をする人々」で、無条件に他者を愛し、受け入れることができます。

人と激しい競争や策略が渦巻くような環境よりも、やさしさや思いやりが発揮できる環境がいいでしょう。

〔看護師、教師、作家、まんが家、画家、占い師、カウンセラー、アーティスト、芸能界、インテリアデザイナー〕

など、**感受性を生かした創作の仕事や対人支援に向いている**でしょう。

［ブルータイプの子のまとめ］

- 【大切に思うこと】思いやりとやさしさにあふれた関係を大切にすること。
- 【コミュニケーションの傾向】相手を理解し献身的になること。
- 【人間関係の特徴】相手に思いやりとやさしさを与えているかということに重きを置く。
- 【不安や心配の傾向】「相手に対して愛が足りないかもしれない……」「冷たくしてしまったかもしれない……」
- 【同じタイプの人物・キャラクター】マザー・テレサ、クマのプーさん
- 【怒りのスイッチ】相手の気もちを考えない人、やさしくない人を見ると、「あの人と同じ空気を吸いたくない」「あの人を許せない」といった怒りのスイッチが入る。

・【かかわるポイント】愛や思いやりなどのやさしさの感情が豊かで献身的なこともいとわない。その半面、感情もゆれやすく疲れやすい。

・【生き生きとするポジション】人とかかわることが好きで、深い関係を築きながら信頼されること。

いろんなことに興味津々！ イエロータイプの子の特徴と強み

イエロータイプ：求めるのは「ワクワクと好奇心」
自由な感情を大切にして人生を歩みます

イメージ：ひまわり、光
感情キーワード：楽しい、好奇心、飽きっぽい、突拍子《とっぴょうし》もない
プラスのキーワード：明晰、感覚的
マイナスのキーワード：うわの空、おっちょこちょい

［イエロータイプの子の特性］

自由奔放で外交的、遊びごころがいっぱいで、自由が大好きな楽しいタイプですが、なかには、信じられないくらいシャイで敏感な内弁慶《うちべんけい》な子もいます。

人生がパーティであるかのように楽しく動きますが、とことん熱中することができず、すぐに飽きてしまったり、**興味の対象がくるくると変わります**。

好奇心旺盛ですが、その一方で、不安や心配の原因をたくさん自分でつくってしまいます。ときには、まるで赤ちゃんのような状態になってしまうことも。

まわりにあるものすべてに喜びや楽しさを感じることができます。とてもハッピーで健康的、健やかで人を癒やすことができ、寛大なこころがあります。

楽天的でさまざまなことに敏感で自由なこころをもっていて、よく笑いますが、とたんに涙がこぼれたり、ちょっとしたことで泣いてしまう感受性もあります。

いつも気の合う人と親密にしていることが好きで、愛情豊かな気質がありますが、責任のある長くつづく人間関係に深くかかわることはあまり多くなく、すぐに**背を向けたり、逃げたりしてしまいがちなのも特徴**です。

【イエロータイプの子に接するコツ】

イエロータイプの子どもの子育てにおいて、親や周囲の人が大切にこころがけてほしい点は、「人生は楽しいね！」「好きなことを好きっていいおうね！」という言葉かけをしたり、このような**ハッピーな気もちで接する**ことです。

【イエロータイプの子の未来の適職】

クリエイティブでアーティスト気質、また分析力にも優れています。目まぐるしい変化にも対応できるので、臨機応変に乗り切るような仕事が向いています。さらに対人能力も高く、機転も利くので、人と接するような職種がいいでしょう。

多芸多才なので、さまざまな仕事を経験してみてピンと来る職種を探すのも手です。幅広い知識やひらめきを生かせるような環境なら、才能を発揮できると思います。

〔クリエイター、芸術家、俳優、編集者、接客業、営業、スポーツ選手、旅行会社、研究者、ＩＴ関連〕

など、**臨機応変さと発想が求められる仕事が向いています。**

［イエロータイプの子のまとめ］

・【大切に思うこと】自分に興味あるものを自由に探求・追求すること。
・【コミュニケーションの傾向】好奇心旺盛で自由で社交的な一方、興味のないものには関心がなく、その意識すらない。
・【人間関係の特徴】自分の好奇心で人を評価しがち。飽きっぽい。
・【不安や心配の傾向】「自分には能力がないのでは？」「自分はこのままでいいのかな？」
・【同じタイプの人物・キャラクター】豊臣秀吉、不思議の国のアリス
・【怒りのスイッチ】論理的でない話やなんの説明もしないで指示をする人に対して、「何もわかってない」「この人バカじゃないの」といった怒りのスイッチが入る。
・【かかわるポイント】いろいろなものやことや人に興味をもち探求する。その半面、飽きっぽい。また、慎重になりすぎて、調べた挙げ句、それを実現する前に満足して終わってしまうことも。
・【生き生きとするポジション】いろいろな好きなことを探求し、自分の歩幅で人生を送ること。

みんなと仲よくするのが大事！グリーンタイプの子の特徴と強み

グリーンタイプ：求めるのは「ホッと！と調和」
平和や調和を大切にして人生を歩みます

象徴的なイメージ：自然、森林
感情キーワード：おだやか、癒やし、おとなしい、引っ込み思案
プラスのキーワード：調和、思いやり
マイナスのキーワード：こわれやすい、こだわり

［グリーンタイプの子の特性］

周囲の人に気をつかったり、心配りをしたり、バランス感覚に優れています。右脳も左脳もバランスよく働くので、**機転がよく、感情と理性をコントロールできます**が、いったん崩れると、**不完全なできごとや人物を責めたり、自責の念にかられたり**します。

現実と理想のバランスもよく、お金にも名声にも関心がありますが、その半面、お金の不安や自分の地位について卑下《ひげ》したりします。

問題を素早く発見し、解決する方法をすぐに見つけ、どんなことでもやり遂げる忍耐強さをもっていますので、友人関係、恋愛や夫婦関係については自己犠牲をともない、苦しむことが多いのも特徴です。ただし、仕事の世界に入ると、この力が発揮されます。

鋭い観察力と実行力でものごとを成し遂げていきますし、つねに成長を目指し、変化を好み、よく働きます。情報を処理し、アイデアをすばやく思いつく一方、仕事好きで熱中しすぎて、ワーカーホリックになることもあります。

全体を見る目があるので、プロジェクトのあまりにも細かいところを見すぎてしまい、周囲を疲れさせてしまうこともあります。

ものごとを平等に公正に見る力はどのタイプよりも強いですが、ときにほかの人との調和がうまくとれなくなり、トラブルになりがちです。

基本的には、仲間の調和を大切にするタイプですが、まわりの人に攻撃的になったり、親しい人にも自分の意見を押しつけたりしてしまい、**勘違いされやすいこともたくさんあるのが特徴**です。

[グリーンタイプの子に接するコツ]

グリーンタイプの子どもの子育てにおいて、親や周囲の人が大切にこころがけてほしい点は、「心配しないで大丈夫だよ!」「人はそれぞれ違っていていいんだよ!」という言葉かけをしたり、このような**ポジティブな気もちで接すること**です。

[グリーンタイプの子の未来の適職]

調和を重んじ、実直でていねいでありながら、ものごとをしっかりと前進させていく機動力と何ごともこなしていく器用さがあるため、大きな企業の重要ポストなどに適しています。人の話をよく聞き、重んじるので、調整役や補佐役も向いています。
また、人にものごとを教えるのが上手なので、他者に何かを的確に伝えたり、ものごとをわかりやすく柔和に伝えていく仕事にも向いています。趣味や好みが洗練されており、上品な部分があるため、文化的な仕事にも適しています。
〔教員、講師、エッセイスト、記者、医者、科学者、文学者、コメンテーター、ニュースアナウンサー〕
など、**堅実な性格を生かした、バランサー的な役割の仕事が向いている**でしょう。

［グリーンタイプの子のまとめ］

- 【大切に思うこと】自分の属するグループや組織で役に立ち仲よく暮らすこと。
- 【コミュニケーションの傾向】みんなとの協調性を重んじること。
- 【人間関係の特徴】仲間とうまく調和できているかという基準で人を評価する傾向がある。
- 【不安や心配の傾向】「自分はちゃんと人（属する社会）の役に立っているのかな？」

- 【同じタイプの人物・キャラクター】徳川家康、シンデレラ
- 【怒りのスイッチ】時間や規則を破ったり、場を乱す人がいると感じたとき、「なんでわからないんだ、場をわきまえろ」「あの人は人の気もちがわからない」といった怒りのスイッチが入る。
- 【かかわるポイント】和を保つために、自分の気もちよりも、全体を優先することがあり、ときにストレスを感じることがある。
- 【生き生きとするポジション】平和や調和を重んじ、安定した人生を望み、所属している場の和が最優先。バランスのとれたおだやかな場にいること。

あなたのお子さんは左脳タイプ？ 右脳タイプ？

人間の脳は左脳と右脳に分かれています。それぞれに特徴があり、通常はどちらかに偏りながらもバランスよく左右の脳を使っています。

左脳は論理的思考の中枢。**言語の認識や計算、いわゆる読む、書く、話す、計算するなどは左脳の役割**です。そのため、左脳は言語脳、論理脳、デジタル脳などと呼ばれることも。人間の知性の源となるものが、左脳に集まっていると考えられています。

右脳は、図形や映像の認識、空間認識、イメージの記憶、直感・ひらめき、全体的な情報処理などを受けもっています。絵を描いたり、楽器を演奏したりするのは右脳の働き。**芸術的な活動のほか、アイデア・ひらめきなどを必要とする企画の仕事、学問的な研究や技術の開発では、右脳の働きが重要**です。

精神的に健全な状態を保つためには、左右の脳をバランスよく使うことが大切です。

自己肯定感アカデミー式
右脳左脳チェック診断をしてみよう！

あなたは左脳タイプ？ 右脳タイプ？

以下の項目のうち当てはまると思うものにチェックを入れてください。左脳タイプ、右脳タイプのカテゴリのうちチェックの数が多いものがお子さんのタイプになります。

左脳タイプ

- □ 先のことまできちんと決める
- □ 計画通りに進むことが心地いい
- □ 決められたことをきちんとこなすタイプ
- □ 几帳面な作業をていねいにやる
- □ 一度決めたことは最後までやりきる

右脳タイプ

- □ 直感でものごとを決めることが多い
- □ 想像力が豊かで、イメージすることが好き
- □ 絵を描いたり、楽器を演奏したりするのが得意
- □ 細かいことより、全体をとらえるのが得意
- □ 感動しやすいなど、感情が豊かなタイプ

レッドタイプの子のこころと脳を鍛えるワーク12選

［右脳トレーニング］

レッドタイプの子どもの右脳を育てるためには、感性や創造性を刺激する活動が大切です。

①アートで自分を表現

絵画、彫刻、手工芸などを通じて、自分の感性を表現することは、右脳の発達に役立ちます。子どもたちにさまざまなアートプロジェクトに参加してもらい、**自分のアイデアや感情を表現する機会を提供**しましょう。

②音楽のリズムに乗る

楽器の演奏、歌唱、リズムに合わせてからだを動かすことは、右脳を活性化させます。子どもたちにさまざまな音楽ジャンルや楽器に触れさせ、自分自身で**音楽をつくり出す喜びを体験**させましょう。

③物語やストーリーづくり

創造的な物語やドラマなどをつくることは、右脳の活性化に役立ちます。子どもたちに自分でストーリーを考えてもらい、**演じることで、想像力や表現力が豊かに**なります。

④自然と触れ合う

自然のなかにおける活動や冒険は、右脳を刺激します。野外での遊びや観察、**植物や動物との触れ合いを通じて、感性や興奮を育みます**。

⑤ミュージアムでアート鑑賞をする

絵画や写真、美術館での美術鑑賞は、右脳の視覚的な能力を向上させます。さまざまな視覚的な刺激を通じて、子どもたちが**新しいアイデアや感情を発見**できるようサポートしましょう。

⑥クリエイティブなゲーム

レッドタイプの子どもたちはエネルギッシュで活発なので、クリエイティブなプレイや想像力を駆使するゲームが適しています。建築ブロックやおもちゃを使った**クリエイティブな遊び**を通じて、右脳の発達を促進させましょう。

［左脳トレーニング］

レッドタイプの子どもの左脳を育てるためには、論理的思考や計画性、冷静な判断力を養う活動が役立ちます。

①数学とパズルゲーム

数学の問題解決や論理的思考を鍛えるパズルゲームは、左脳の発達に効果的です。数学的なパズルやロジックパズル、クロスワードパズルなどを通じて、**論理的な思考力を伸ばしましょう。**

②科学的な実験と観察

科学的な実験や観察活動は、左脳の分析能力を向上させます。さまざまな現象や実験を通じて、**原因と結果を理解し、論理的な推論力を養いましょう。**

③言語学習と文学

新しい言語を学ぶことは、論理的思考を促進し、左脳の発達に役立ちます。また、**読書を通じて文章理解や論理的な分析を行う**ことで、左脳を刺激します。

④プログラミングとロボティクス

プログラミングやロボティクスは、**論理的思考や問題解決能力を発展**させます。子どもに基本的なプログラミングスキルやロボットの制御方法を学ばせると、左脳の活性化が期待できます。

⑤ロジカルなゲームを戦略的にプレイする

ボードゲームなどの戦略的なゲームを通じて、**戦略的な判断力を養います。**これらのゲームは、左脳の訓練になります。

⑥計画性のある活動

日常生活での計画的な活動やスケジュール管理は、左脳を鍛えます。**自分で目標を立て、計画を立てることで、計画性や組織力が向上**します。

レッドタイプの子のワーク まとめ

左脳を高めるワーク

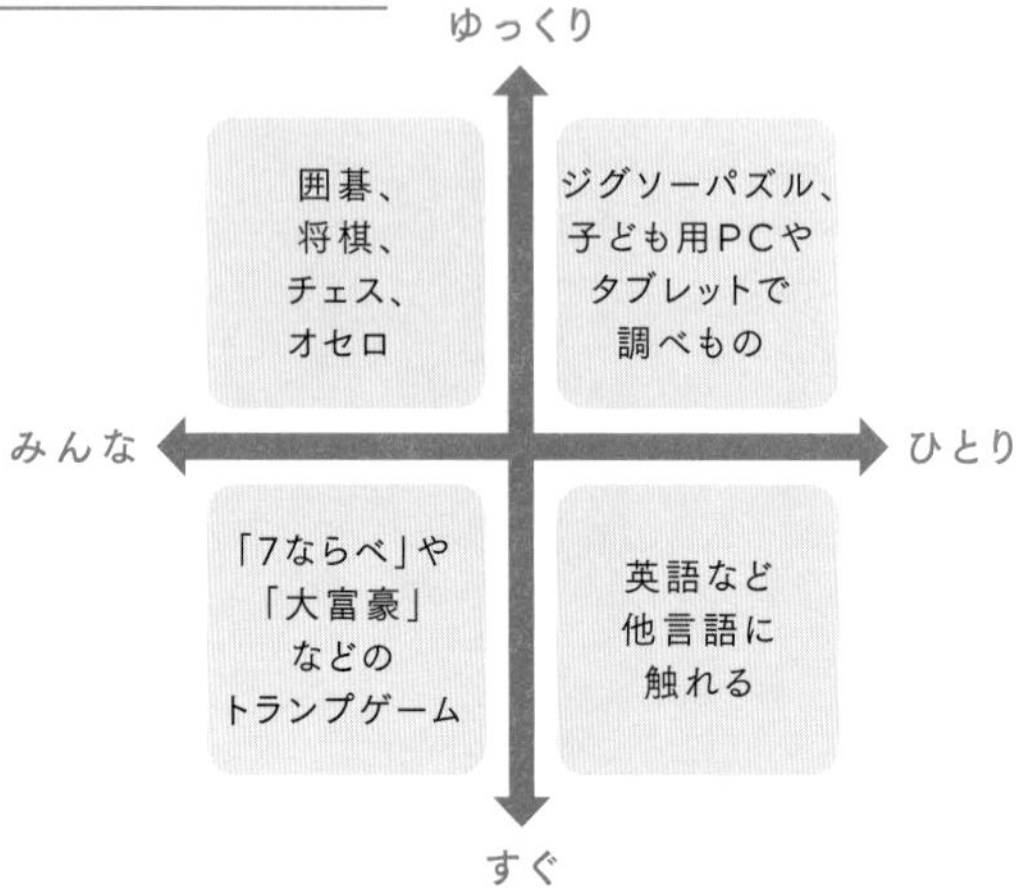
ゆっくり
囲碁、
将棋、
チェス、
オセロ
ジグソーパズル、
子ども用PCや
タブレットで
調べもの
みんな
ひとり
「7ならべ」や
「大富豪」
などの
トランプゲーム
英語など
他言語に
触れる
すぐ

右脳を高めるワーク

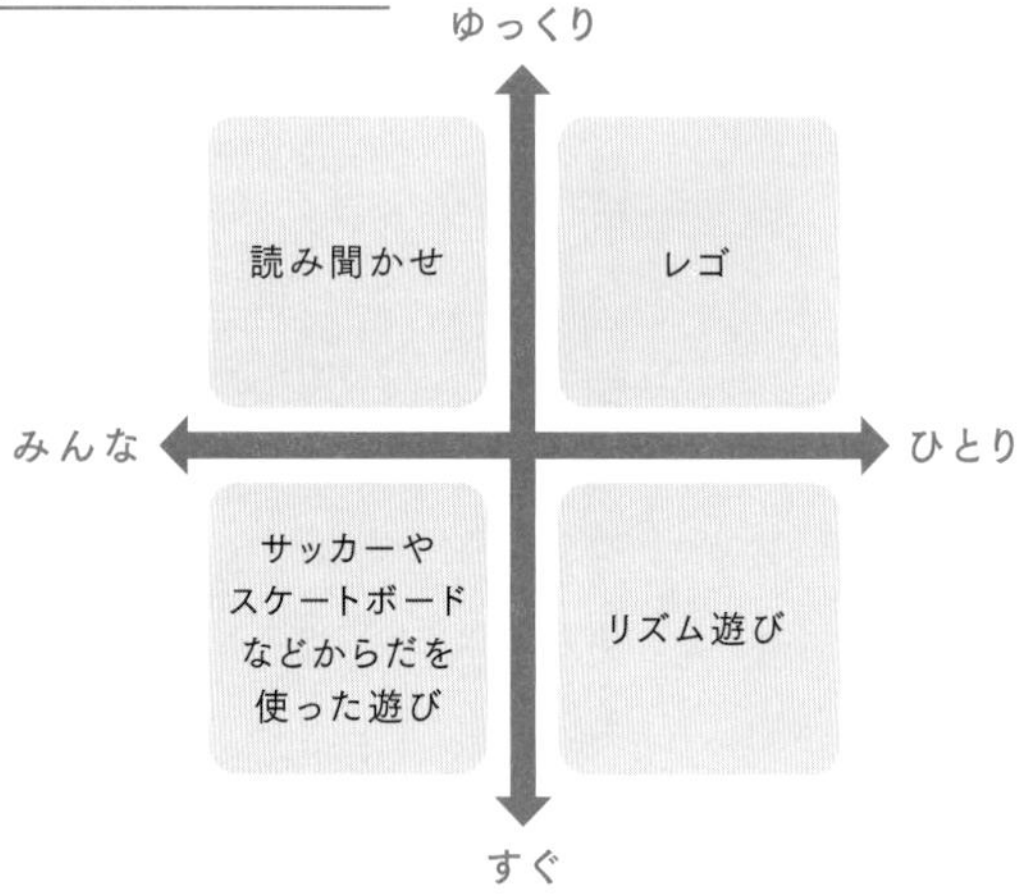
ゆっくり
読み聞かせ
レゴ
みんな
ひとり
サッカーや
スケートボード
などからだを
使った遊び
リズム遊び
すぐ

ブルータイプの子のこころと脳を鍛えるワーク14選

【右脳トレーニング】

ブルータイプの子どもは愛や思いやりに価値を置く傾向があり、やさしさや調和を大切にします。右脳を育てるトレーニングとしては、感性や創造性を重視した活動が効果的です。

①アートで自分を表現

絵画や手工芸、アートの活動を通じて感性を表現することが大切です。色彩や形を通して感情を表現し、**自分の内面を豊かにするトレーニングが効果的で**す。

②音楽で感情を表現

音楽は感情表現に適した媒体です。楽器の演奏や歌唱、音楽鑑賞を通じて、**感性を豊かにし、他者との共感を育みます。**

③物語やストーリーづくり

物語やドラマをつくる活動は感情の理解と表現を助けます。自分の想像力を生かしてストーリーを考え、役になりきることで、右脳が刺激されます。

④日常や自然を観察する

自然や日常生活においていろいろなことを観察してみると、**感性が豊かになります。**自然のなかを散歩したり、植物や動物の観察、星空の観察などが効果的です。

⑤感性を高めるリラックスする活動

ヨガや瞑想、自然のなかでリラックスするなど、感性を高める活動はブルータイプに適しています。**こころの平穏さや愛を感じることができるような活動が効果的**です。

⑥クリエイティブな遊び

クリエイティブな遊びや自由な発想を重視した遊びは、右脳の発達に役立ちます。**絵本の読み聞かせや創作遊びを通じて、感性と創造性を伸ばしましょう。**

［左脳トレーニング］

ブルータイプの子どもの左脳を育てるためには、論理的思考や計画力、安定感を養う活動が役立ちます。

①数学とパズルゲーム

数学的なパズルや論理的思考を要するゲームは、左脳の発達に効果的です。数学の問題解決やロジックパズルなどを通じて、**論理的思考力を向上**させましょう。

②科学的な実験と分析

科学的な実験や観察活動は、左脳の分析能力を向上させます。**原因と結果を理解し、問題解決にとり組む**ことで、論理的思考力が養われます。

③言語学習と文学

新しい言語を学ぶことは、論理的思考を促進します。また、**文学や文章理解を通じて論理的な分析を行う**ことで、左脳の活性化が期待できます。

④プログラミングとロボティクス

プログラミングやロボティクスの活動は、**論理的思考や問題解決力を高めます。**基本的なプログラミングスキルやロボットの制御方法を学ぶことで、左脳が発達します。

⑤ロジカルなゲームを戦略的にプレイする

ボードゲームなどの戦略的なゲームを通じて、**論理的な思考や戦略的な判断力を養います。**これらのゲームは、左脳の訓練になります。

⑥計画性のある活動

計画的な活動やスケジュール管理は、左脳を鍛えます。自分で目標を立て、計画を立てることで、**計画性や組織力が向上**します。

⑦感情を表現するアート

愛や思いやりに重きを置くブルータイプの子どもは、**感情を表現するアート**が適しています。感情に合った絵を描いたり、感謝の手紙を書いたりしてみましょう。

⑧コミュニケーションゲーム

社交的で人間関係を大切にするブルータイプの子どもには、コミュニケーションゲームや協力型のボードゲームがいいでしょう。**お互いの意見を尊重しながら楽しむ**ことができます。

ブルータイプの子のワーク　まとめ

左脳を高めるワーク

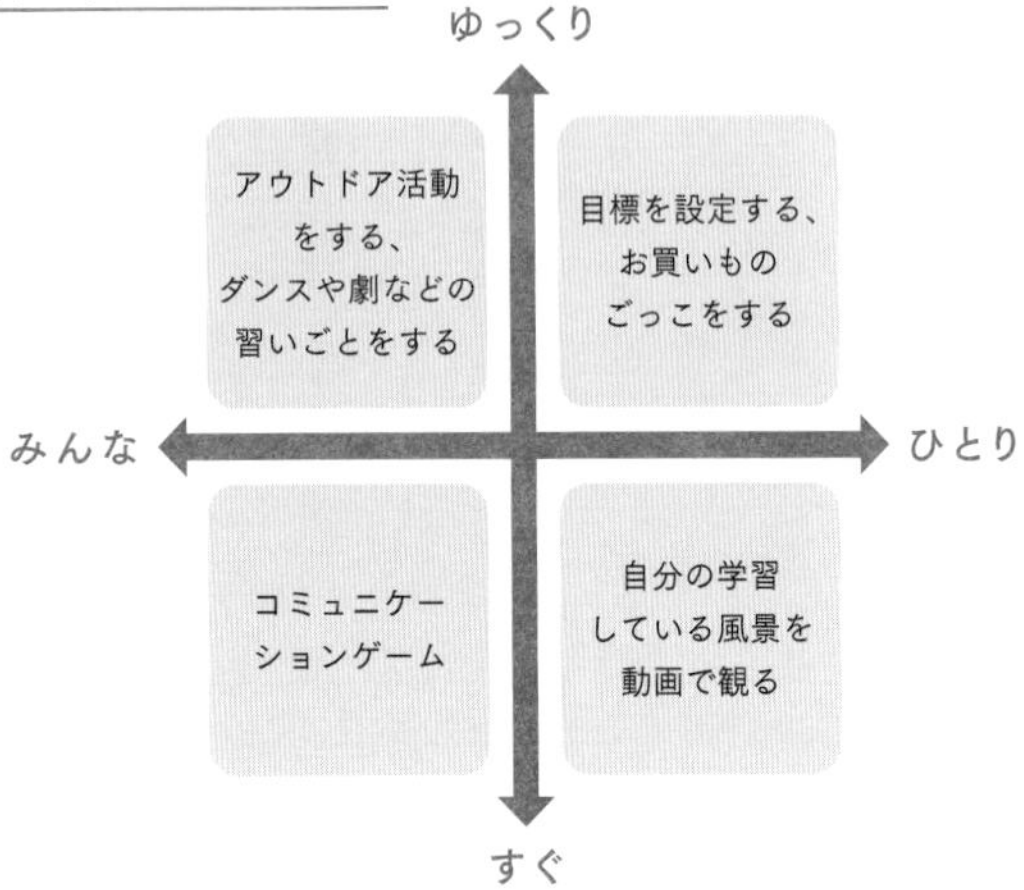
ゆっくり
アウトドア活動
をする、
ダンスや劇などの
習いごとをする
目標を設定する、
お買いもの
ごっこをする
みんな
ひとり
コミュニケー
ションゲーム
自分の学習
している風景を
動画で観る
すぐ

右脳を高めるワーク

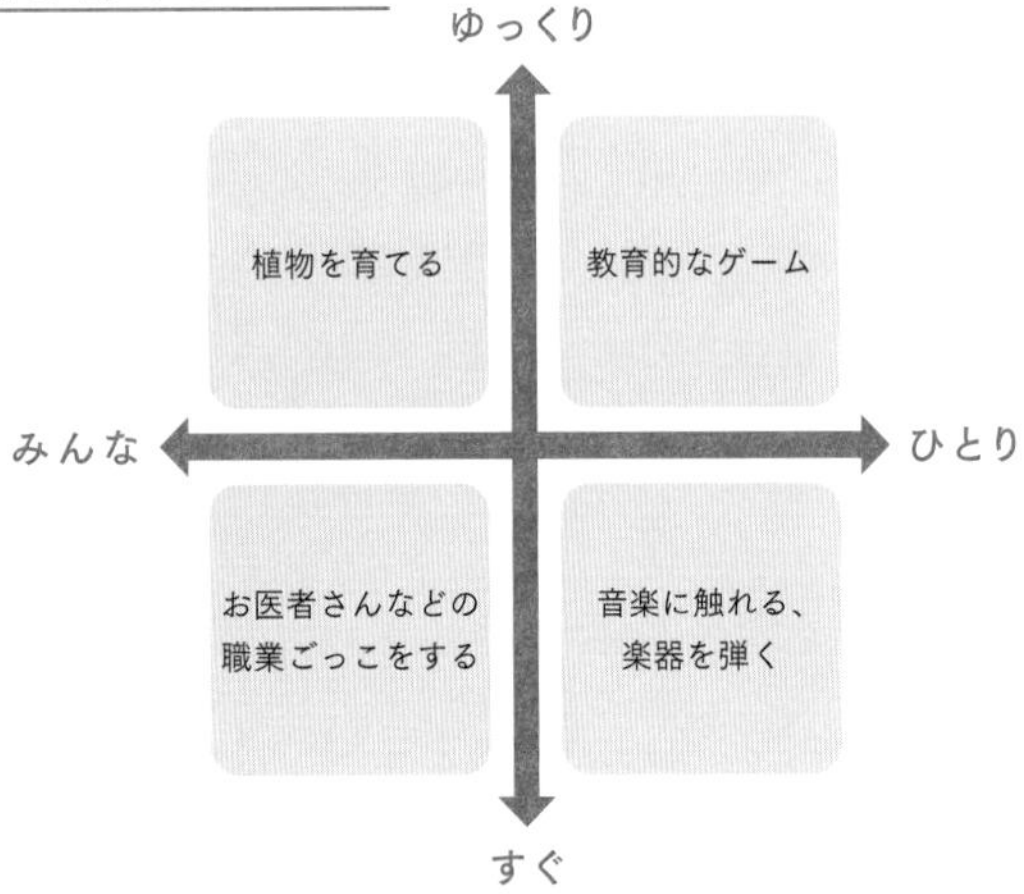
ゆっくり
植物を育てる
教育的なゲーム
みんな
ひとり
お医者さんなどの
職業ごっこをする
音楽に触れる、
楽器を弾く
すぐ

イエロータイプの子のこころと脳を鍛えるワーク14選

［右脳トレーニング］

イエロータイプの子どもの右脳を育てるためには、創造性や感受性を刺激する活動が効果的です。

①アートとクラフト

絵画や手づくり工芸は、**子どもたちが自分のアイデアを表現し、創造的な力を発揮する**のに役立ちます。さまざまな材料や色を使って、自由な発想で作品をつくることで、右脳が活性化されます。

②物語づくり

物語をつくることは、創造性や想像力を刺激するすばらしい方法です。子どもたちに物語を考えさせ、絵本や小説を書くことで、右脳の発達を促進します。

③音楽のリズムに乗る

楽器の演奏やリズムに合わせてからだを動かすことは、**右脳と左脳の両方を刺激します。**楽器の演奏や歌唱、リズムに合わせて踊ることで、感性や創造性が向上します。

④自然と触れ合う

イエロータイプの子どもたちが自然界からインスパイアを受けることは重要です。自然のなかで散歩をし、植物や動物に触れ合うことで、**観察力や感受性が高まります。**

⑤パズルとゲーム

論理的思考を鍛えるのと同時に、右脳も活性化するために、パズルやクイズ、ボードゲームをとり入れましょう。とくに、**問題解決力や戦略的思考を必要とするゲーム**はいいトレーニングとなります。

⑥からだを使った活動

右脳はからだと密接に関連しています。からだを使った動きやスポーツ、バランスをとる練習などが、右脳の発達を助けます。

［左脳トレーニング］

イエロータイプの子どもの左脳を育てるためには、論理的思考や計画性、知性を刺激する活動が重要です。

①論理的思考のパズルやゲーム

数学のパズル、ロジックパズル、クイズなど、論理的思考を要するゲームやアクティビティは左脳の発達に役立ちます。チームでの**ディスカッションや問題解決活動も効果的**です。

②数学と科学の実験

数学的な問題解決や科学的な実験は、左脳を刺激し、**分析能力や論理的思考を向上**させます。これらを通じて、問題に対処するスキルを養いましょう。

③言語学習

新しい言語を学ぶことは、左脳を活性化させます。単語の覚え方や文法のルールを学ぶことで、**論理的思考や記憶力が向上**します。

④プログラミングとコンピュータスキル

コンピュータプログラミングは**論理的思考と問題解決能力を鍛えるのに効果的**です。コンピュータスキルの向上は、現代の社会でますます重要になっています。

⑤計画性のある活動

日常のなかで計画的にものごとを進めることは、左脳を発達させます。スケジュール管理や目標の設定、**計画を立て遂行することで、計画性を育みましょう**。

⑥読書と知識の獲得

知的な刺激を得ることは左脳を活性化させます。幅広い分野の本や情報に触れ、知識を積極的に吸収することで、左脳の発達が促進されます。

⑦科学的実験と探索遊び

イエロータイプには、**科学的な実験や自然探索が適しています**。たとえば、植物の成長観察や簡単な科学実験キットを使った実験などが楽しいでしょう。

⑧クリエイティブな工作

手先が器用で計画的なイエロータイプの子どもは、**クリエイティブな工作が得意**です。たとえば、リサイクル素材を使った工作やモデリングクレイでの造形などが挑戦的で楽しいでしょう。

イエロータイプの子のワーク　まとめ

左脳を高めるワーク

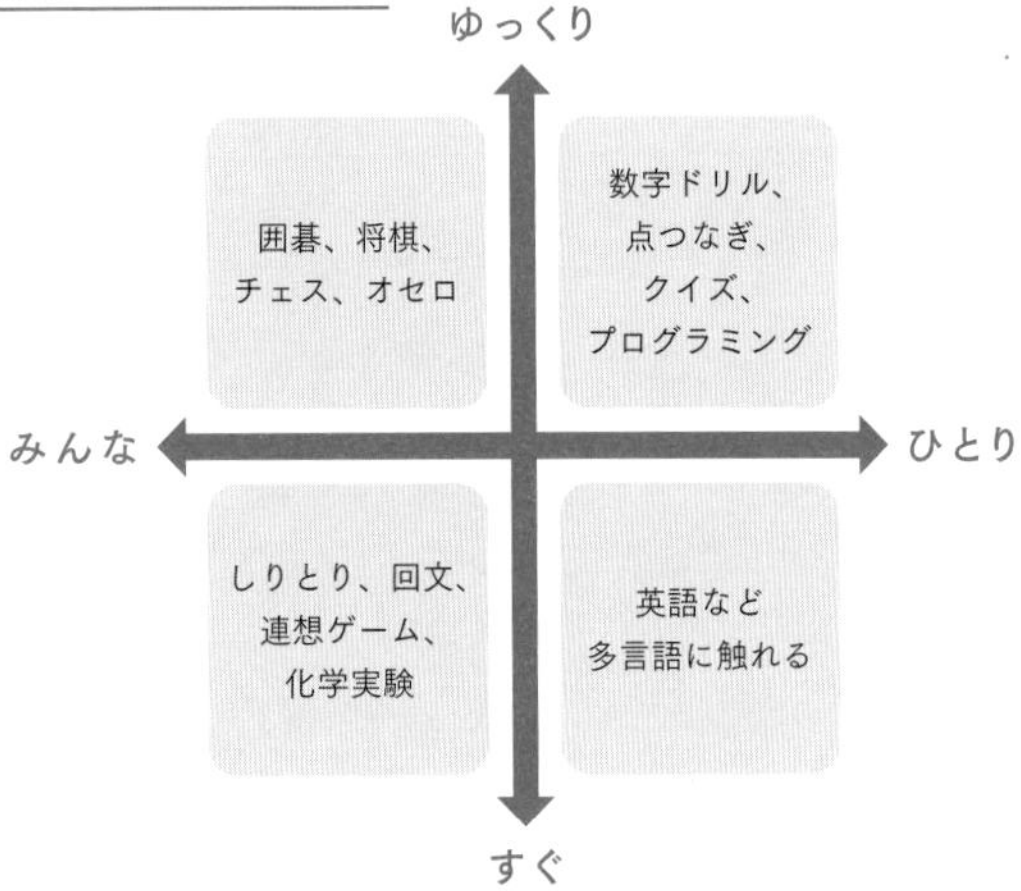
ゆっくり
囲碁、将棋、
チェス、オセロ
数字ドリル、
点つなぎ、
クイズ、
プログラミング
みんな
ひとり
しりとり、回文、
連想ゲーム、
化学実験
英語など
多言語に触れる
すぐ

右脳を高めるワーク

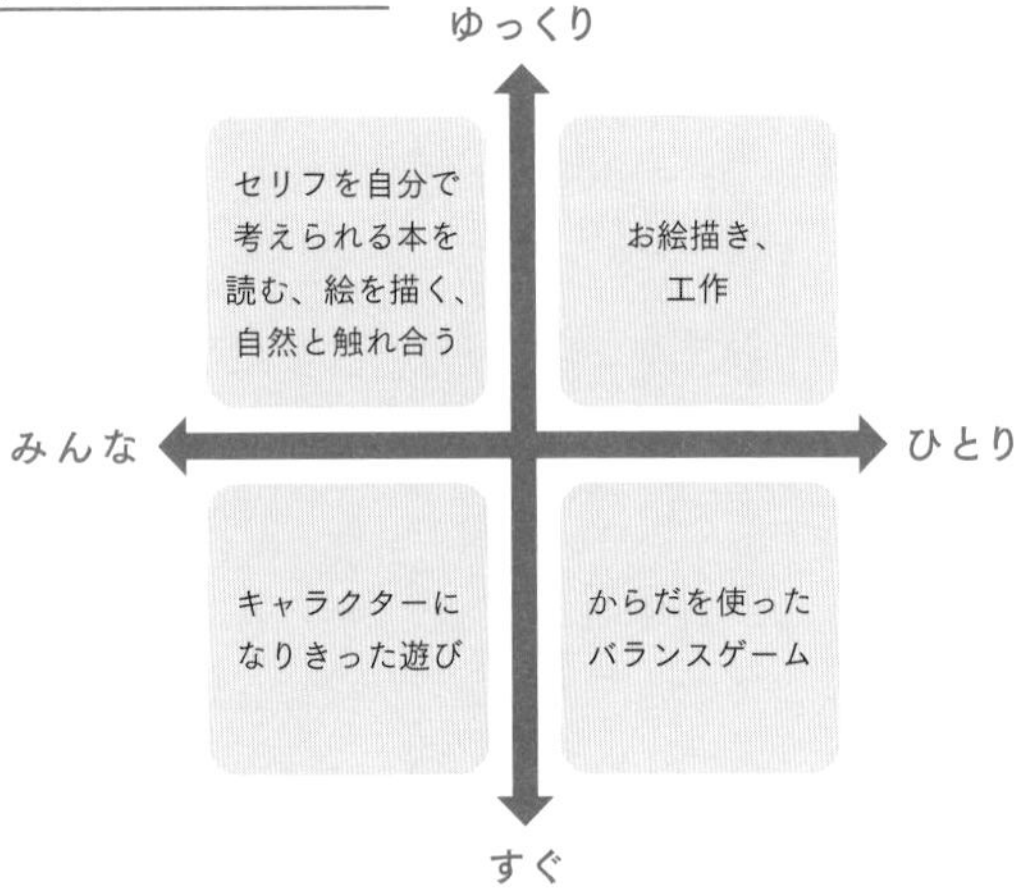
ゆっくり
セリフを自分で
考えられる本を
読む、絵を描く、
自然と触れ合う
お絵描き、
工作
みんな
ひとり
キャラクターに
なりきった遊び
からだを使った
バランスゲーム
すぐ

グリーンタイプの子のこころと脳を鍛えるワーク14選

[右脳トレーニング]

グリーンタイプの子どもは調和を大切にし、おだやかで自然体な性格をもっています。右脳を育て、感性や創造性を高めるトレーニングは、次のようなものが考えられます。

①自然体なアート表現

絵画や手工芸などのアート活動を通じて感性を表現することが大切です。また、自然体で自分を表現するトレーニングも含まれます。自然のなかで描く、**自分の気もちを芸術的に表現する**ことで右脳が活性化します。

②**音楽でリラックス**

音楽鑑賞や楽器の演奏は右脳を刺激します。とくにリラックスできる音楽や環境音、自然の音などをとり入れることで、こころがリラックスします。

③**物語やストーリーづくり**

物語づくりや役を演じる活動は**感性や創造性を高めます。**自分でストーリーを考え、演じることで、右脳が活発になります。グループでの協力プレイや演劇活動も有益です。

④**自然観察とアウトドア活動**

自然界やアウトドア活動を通じて**観察力を育みます。**植物や動物の観察、星空の観察などが右脳を活性化させます。

⑤**クリエイティブな遊び**

グリーンタイプの子どもはリラックスや新しい経験を大切にします。クリエイティブな遊びや**自由な発想を重視した遊びは右脳の発達に役立ちます。**

⑥**感性を刺激する自然体の活動**

ヨガや瞑想、自然のなかでの散歩など、**からだを動かしながら感性を磨く**活動が効果的です。これにより、子どもたちが自分の感情や心地よさを理解しやすくなります。

［左脳トレーニング］

グリーンタイプの子どもの左脳を育てるためには、論理的思考や計画力、安定感を養う活動が効果的です。

①数学とパターン認識

数学の問題解決やパターン認識のゲームは左脳を刺激します。数学的なパズルや形のパターンに関するゲームを通じて、**論理的思考力を発展**させましょう。

②科学的な実験と分析

科学的な実験や問題解決活動を通じて、左脳の分析能力を向上させます。**観察力や実証に基づく論理的思考が鍛えられます。**

③言語学習と文学

新しい言語の学習は論理的思考を刺激します。また、読書を通じて文章理解や論理的な分析を促進することで、左脳の活性化が期待できます。

④**プログラミングとロボティクス**

プログラミングやロボティクスの活動は、**論理的思考や問題解決力を高めます**。基本的なプログラミングスキルやロボットの制御方法を学ぶことで、左脳が発達します。

⑤**ロジカルなゲームを戦略的にプレイする**

ボードゲームなどを戦略的にプレイすることを通じて、**論理的な思考や戦略的な判断力を養います**。これらのゲームは、左脳の訓練になります。

⑥**計画性のある活動**

計画的な活動やスケジュール管理は、左脳を鍛えます。自分で目標を立て、計画を立てることで、**計画性や組織力が向上**します。

⑦**自然体でリラックスできる遊び**

グリーンタイプの子どもは**おだやかでリラックスした環境が好き**です。自然のなかでのピクニック、散歩、石を集めるなど、自然体で遊ぶことが彼らに合っています。

⑧クリエイティブなアート活動

平和で安息を大切にする彼らには、クリエイティブなアート活動がいいでしょう。創造的な描画や、水彩絵の具や自然の素材を使った**アートプロジェクトが楽しい**です。

グリーンタイプの子のワーク　まとめ

左脳を高めるワーク

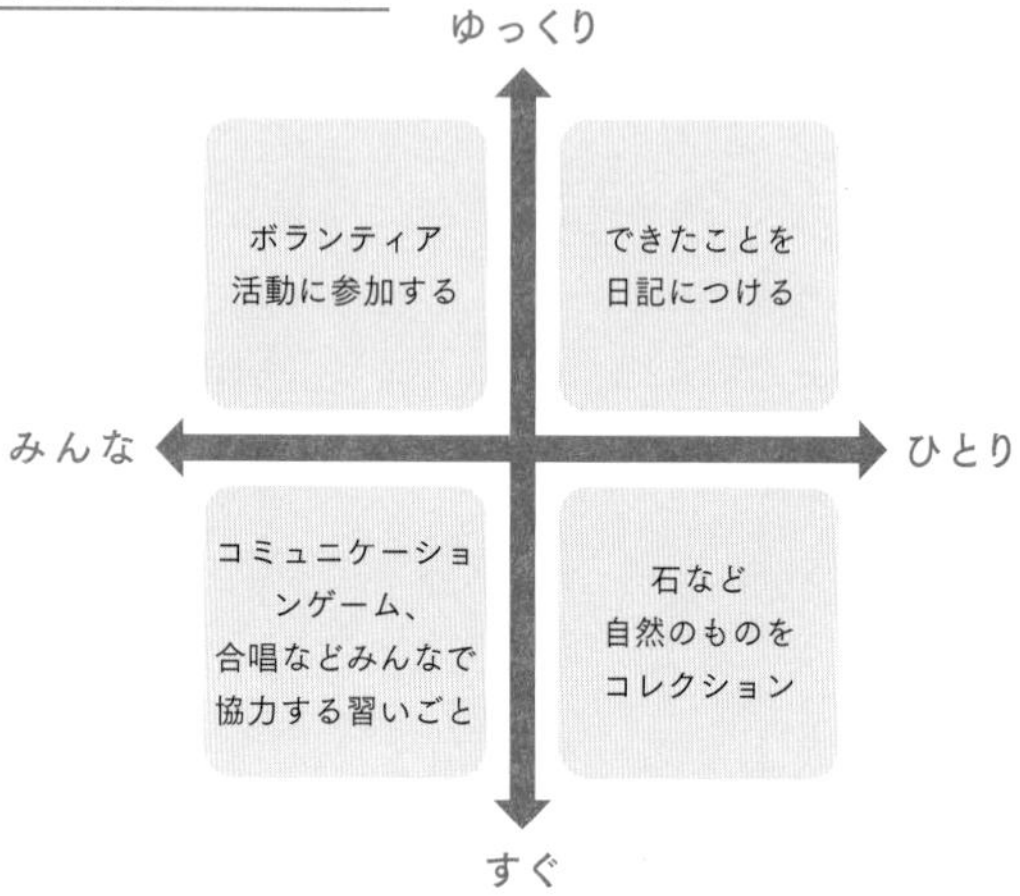
ゆっくり
ボランティア
活動に参加する
できたことを
日記につける
みんな
ひとり
コミュニケーショ
ンゲーム、
合唱などみんなで
協力する習いごと
石など
自然のものを
コレクション
すぐ

右脳を高めるワーク

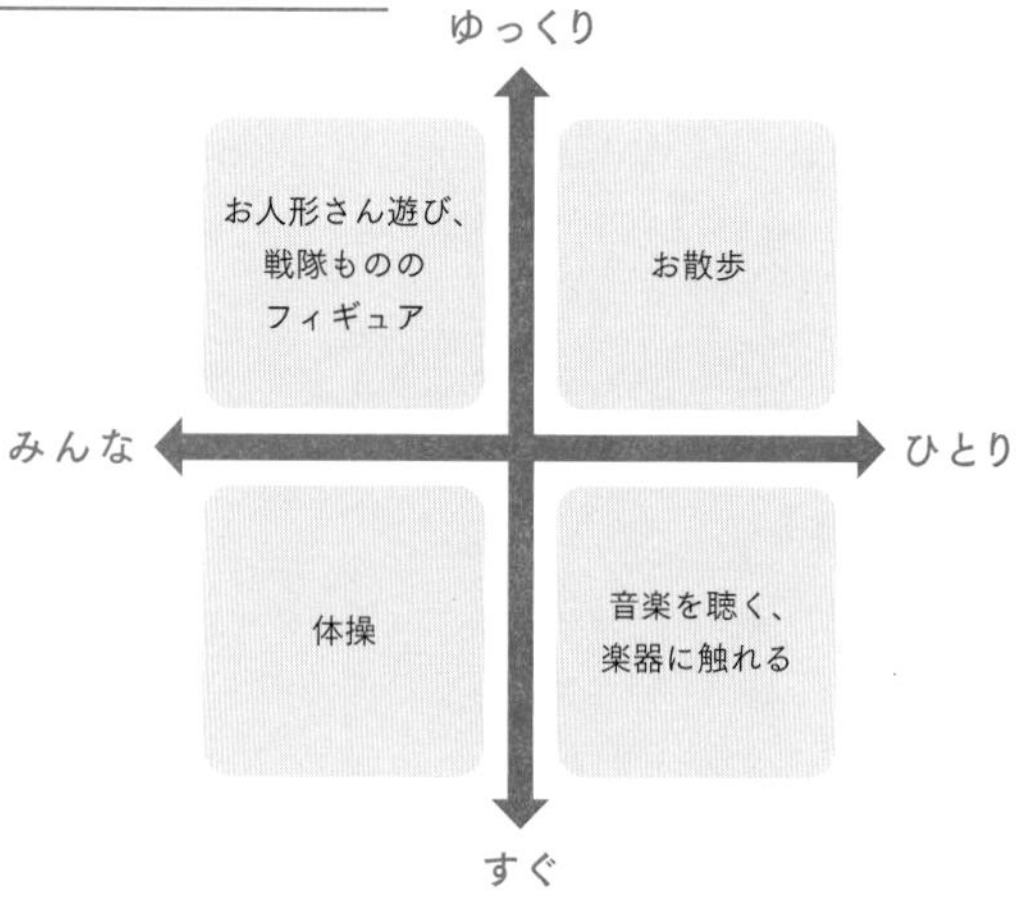
ゆっくり
お人形さん遊び、
戦隊ものの
フィギュア
お散歩
みんな
ひとり
体操
音楽を聴く、
楽器に触れる
すぐ

一見〝短所〟に思えることにその子の魅力が隠されている

さて、ここからはみなさんからいただいたお子さんの特性に関する質問に答えていきたいと思います。

Q 13

自己主張が強い子がそばにいると圧倒され、ついいいたいことがいえなくなったり、目立たないようにしたりしてしまいます。見守るしかないのでしょうか。

（10歳女児）

そういうときにこそ、190ページからの**「自己肯定感4キッズタイプ診断」**をツールとして使って説明してあげてください。

たとえば、「きっとそのお友だちは〝レッドタイプ〟なのかもね。レッドタイプはとっても情熱的で競争が好きなんだって。あなたはおだやかな〝ブルータイプ〟だから、ちょっと苦手意識をもっちゃうのかもね」などというように。

実際にその友だちのタイプがわからなくてもいいのです。大切なのは、お子さん自身も友だちも肯定的にとらえること。**人にはいろいろな個性があるということを伝えるきっかけ**になるかもしれません。

会話のなかでお母さんの**大人としての経験談もしてあげる**といいでしょう。

「お母さんの職場にも、レッドタイプの人がいたんだけど、お母さんの気もちを素直に伝えるようにしたら、ちゃんと意見を聞いてもらえるようになったわ」など、大人の世界がちょっと垣間見えるような会話は、とくに女の子は大好きです。

そのうえで、日常生活ではお子さんの強みやいいところを伝え、お子さんをサポートして応援してあげましょう。こうして自己肯定感がアップすると、子どもは自信をもって自己主張でき、積極的に発言することができるようになりますよ。

Q14

何度いっても子どもが忘れものをします。怒るのに疲れました……。（8歳男児）

お母さんが疲れるほど怒ってしまうのは、お母さん自身も嫌ですよね。怒りという感情を子どもにただぶつけてしまうと、お母さん自身の自己肯定感がどーんと下がってしまいます。

「何度いったらわかるの！」などといいたい気もちもわかりますが、それでは解決につながりません。まずは、**お母さんとお子さんの4キッズタイプの不安や心配になる傾向の違いを確認**しましょう。どうしたら忘れものをしないで済むのか、お子さんといっしょに考えたり、ホワイトボードに書いて**「見える化」**したり、子どもが理解しやすい形でポジティブに解決しましょう。

たとえば大切なお知らせのプリントをいつも親に渡すのを忘れるお子さんの例ですが、自宅のわかりやすい場所にプリントが入る大きさの箱を用意しておき、帰宅したら学校でもらったプリントをすべてそこに入れる習慣にしたご家庭もありました。

また、「忘れものなどのミスは人間らしいこと、成長の機会である」というメッセージもぜひ伝えてあげてください。忘れものなどのミスが多いために自己肯定感が下がっているかもしれません。

とはいえ「冷静に対処できるときはいいけど、つい怒ってしまう！」ということもありますよね。お母さんだって人間です。感情にまかせて怒ってしまったものは仕方がないこと。ついカーッとなって怒ってしまったあとに、「なんであんなに怒っちゃったんだろう」といつも落ち込んでしまうというお母さんに、お伝えした方法があります。それが**「こころの声を独り言でいってしまう」**というもの。たとえば、お子さんに怒ってしまったあとに、

「あ、また怒っちゃった！　お母さん、怒らないって決めてたのにいっちゃった〜」

「〝何回おんなじことするの！〟って、またいっちゃった！　本当はいいたくないんだけどなぁ……」と、独り言をいうのです。お子さんに聞こえるように。

そうすると、子どもは「お母さんも本当は怒りたくないんだ」「こんなこといいたくないんだ」とお母さんのこころの声がわかるのです。すると、お母さんを困らせないように、忘れものに気をつけようと思ってくれるようにもなるのです。

Q15

わが子はすぐに、飽きちゃうんです。ものも増えて大変なんです。どうしたらいいでしょうか。（5歳男児）

「飽きてしまう」を肯定的にとらえて、**「いろいろなことに興味がある子」**という目

れません。

で見てあげることも大切です。4キッズタイプでいえば、イエロータイプの子かもしれません。

ものが増えてしまうということは、裏を返せば、**ものの管理の仕方を学んでもらういいチャンス**。とても好奇心が強いお子さんだと思うので、ものが増えていくことはその子にとって喜びであるはずです。それを否定してしまうのは、もったいない。ものの管理を子どもに伝えることができれば、その好奇心を止めないで済むでしょう。

たとえばお子さんといっしょに部屋のおもちゃの整理をしてみましょう。おもちゃの箱を決めて、それがいっぱいになったらそれ以上買わないとか、必要なおもちゃだけ残すとか、お子さんとルールを決めます。箱からあふれてきたら「本当に必要なものかな？」などと声をかけてあげましょう。箱のルールは、お子さんが可視化できるので、わかりやすいと思います。

整理された状態をいつも保つことで、子どもに「整理整頓された状態がスッキリして気もちいい」「ものが探しやすい」といった意識をつけることができます。

散らかった部屋を見て怒るのではなく、子どもの関心や興味に理解を示し、共感をするのが先です。こういったお子さんの場合、子どもが親との関係性に満足感を得られると、ものへの執着心がやわらぐことがあります。

また、家庭ではお母さん、お父さんが率先して「ありがとう」など感謝の言葉を伝え合い、**感謝の気もちを育む環境をつくってあげましょう。感謝の気もちをもつことでものに執着せず、人間関係や経験に価値を見いだすことができるようになります。**

短所に見えるところには必ず、その子が本来もっている強みがあると柔軟に考えて、子どもの長所を探して見つけ出すようにこころがけてみてください。

Q16

すごく怖がりなんです。暗いのも、虫も、自転車も乗ろうとしないし、わたしは田舎育ちでやんちゃだったので、わが子がわかりません……。（6歳男児）

怖がりなのは、想像力が豊かな証拠です。感受性が強いお子さんなのかもしれませんね。それは素敵なことです。

お母さん自身がやんちゃだったということは、もしかすると自分の子ども時代と子どもとを比較して「なんでそんなこともできないの？」「そんなに怖くないよ」などといってしまっているのではないでしょうか。**比較され、できない自分をつきつけら**

れた子どもの自己肯定感はダウンしてしまいます。

子どもには子どもの個性があります。お母さんは虫が平気でもお子さんにとってはとても怖いものかもしれません。まずはその部分に理解を示し、共感してあげましょう。子どもが「怖い」「不安」という感情を表現でき、受け入れられる環境をつくることが大切です。また、**「自己肯定感4キッズタイプ診断」をいっしょにやってみると、お母さんとお子さんの違いが明確になるのでおすすめ**です。

次に、少しずつ怖い対象に慣れさせます。たとえば虫が怖いなら、はじめは本や映像で虫について学んでみる。自転車が怖いなら、広い空き地や公園など安全な場所で練習し、徐々に自信をつけられるようにして、**ポジティブな体験を増やしてあげる。**

また学校などで緊張しているお子さんは、こころに負荷がかかって不安になることもあるので、リラックスの方法を教えてあげるのもおすすめです。深呼吸する、肯定的なイメージの練習をする、お母さんがヨガをやっていればヨガをやる、ゆっくりストレッチをする、親子で散歩にいってみるなど、子どもが自分の不安を解消できる方法をいろいろ試してみると、子どもの緊張の糸がほぐれるかもしれません。

お子さんの一見、ネガティブと思われる感情は、世間の常識とは切り離して考えてみましょう。**ほかの子と比較をしないことが大切**です。

もしかしたら、怖がりのお子さんは想像力が豊かで、その特性を伸ばせば素敵なアーティストになっていくかもしれません。この子が、自由の国アメリカの学校にいたら、自主性の高いフランスの学校にいたら……と視野を広げていく努力もしてみましょう。

Q17

子どもが神経質で好き嫌いが多く、敏感です。わたしはそんな性質がないので、正直面倒な部分が多いです。どうすれば子どももわたしも楽になりますか。

（6歳女児）

繊細なお子さんですね。好き嫌いにもいろいろありますが、食べものなどだけではなく、学校の先生や友だちなどの人間関係に対しても、好き嫌いが激しいというご相談もよくあります。いずれの場合も、子どもは、自分の感じ方や好き嫌いに対して否定的な反応をされてしまうと、自尊心が傷ついてしまいます。

「好き嫌いをいわずになんでも食べなくちゃダメ」

「そんなことばかりいってると、あなたが困るのよ」

など、親はこのままでは子どもが社会に出てから困る、という心配からつい感情的に反応してしまったり、アドバイスをしてしまいがちです。でも子どもからすると、自分を否定されたととらえ、自己肯定感は下がってしまいます。

まずお母さん、お父さんはひと呼吸おき、子どもの感じ方や嗜好《しこう》について理解を示し、受け入れることが第1歩。そのうえで**親子の会話のなかで、人にはいろいろな感じ方、嗜好があることを伝えましょう**。

たとえばお母さんが「わたしは○○が好きだけど、あなたの好きな△△は苦手なの」と自分の感じ方や嗜好を伝えます。子どもの嗜好は否定せず、自分の意見を述べるやり方です。そうすることで、子どもも自分の感じ方や嗜好について話しやすくなり、信頼関係を築くことができます。

そして「学校でもそれって起きることだよね。あなたは嫌いでも、隣のお友だちは好きってことも起きるかもしれないね」など、**客観的な視点がもてるようなコミュニケーションが大切**です。

子どもが新しい食べものや経験にチャレンジするときは、自分で食べものを選び、好みを見つけられるようにサポートしてあげましょう。子どもの感じ方や好みはそれぞれ異なります。**1つの解決策がすべての子どもに合うわけではありません。**試行錯誤しながら子どもの個性やニーズに合わせたアプローチを見つけることが重要です。

ある男の子のエピソードです。はいているズボンが少しでも濡《ぬ》れると「もうはきたくない」と、すぐに脱いで違うズボンをはきたがる。お母さんはそれにつき合うのが面倒くさいとおっしゃっていました。

お母さんがお子さんを理解して、対応してあげるのはすばらしいことですが、一方で少しずつ慣らしていくということも、これから社会生活を行ううえで必要です。

このお子さんの場合、ズボンが濡れて着替える経験をあえてたくさんさせてあげるのも一案です。ズボンをたくさんもっていき、川遊びに行って、ズボンが濡れて、着替えて……を繰り返してみるのです。何度も何度も着替えるうちに「これって本当に必要かな?」とその子自身が気づくと思います。

つき合う親は大変ですし、面倒ですが、こうした**機会を与えることで子どもに考えさせることができる**のです。お子さんの一見、極端と思われるような価値観も大切にしながら、4キッズタイプ診断を参考にその価値観が苦手な人もいるんだよ、という助言を伝えることで、お子さんも自分の個性という「らしさ」を卑下することなく素直に受け入れることができるでしょう。

お子さんが自分のこころに素直になれるということは、相手のこころも受け止めることができる、つまり、**コミュニケーションがうまくなっていくということにつながる**のです。

Q 18

15歳の娘と、14歳の息子が不登校です。「学校は意味がない」「夢がない」といっています。そのうえ、12歳の次男は「学校では手に負えない」と学校からいわれてしまい、もうどうしたらいいかわかりません……。

お子さんが思っていることに対して否定せず、まずは子どもたちの意見や思いをしっかり聞き**4キッズタイプ診断の「まとめ」を確認して、客観的になりましょう。**

たとえ子どもがいっていることに100パーセント共感できなくても、話を聞き、理解し、違いを受け入れることが重要です。

そのうえでお母さん、お父さんは子どもが疑問に思っていることや課題についてどう思っているのか、自分の意見を子どもに伝えてみましょう。

たとえば「お母さんは、勉強は嫌いだったけど学校に行ってよかったと思ったわ。なぜなら〜」「お父さんも夢がなかったよ。だけどなんとなく就職した会社でこんなことがあって〜」など、エピソードとともに話してみるのです。

お子さんとコミュニケーションを深めるために、**共通の趣味や関心ごとを見つけて、いっしょにとり組むことも有効**です。ぜひ夫婦で連携し、お子さんのサポートをしてあげましょう。

ただ、「学校では手に負えない」といわれている状況からしても、**夫婦だけで抱え込まず、ぜひ第三者を頼ってください。**専門家や児童精神科医などから適切な支援やアドバイスを受けることで、親御さん自身の気もちが楽になり、適切に対応できることは多いです。

専門家以外にも、親以外の大人や、ちょっと年齢が近い、子どもから見てキラキラした大人とかかわることも有効です。

以前、別の中学生の不登校のご相談を受けたときに、親御さんが大人のバスケットボールチームの集まりにお子さんを連れていったケースがありました。すると、そこにいる大人たちが分け隔てなく仲間に入れてくれ、「学校行ってないのか、おれもあったよ」などと話をするうちにお子さんに自信がつき、バスケの練習に通えるようになって、変わっていきました。

それ以外にも地域の活動やボランティア活動に参加して「ありがとう」といってもらえた、夢をもっているお兄さんお姉さんの姿を見て、未来を描けたなど、家族以外の大人とかかわることで目が覚めたり、モヤモヤした気もちに少し光が見えたりすることもあります。

お母さん、お父さんにも、いままで生きてきたなかで、「いまやっていることに意味があるのか?」という疑問をもったことがあると思います。

そんなとき、違う環境の人やまったく違うことをしている人でも、同じような悩みがあると知ると、一気に視界が広がりこころのモヤが晴れた、そんな経験があると思います。

これも**モノの見方が客観視できたから**ですね。

これと同じことをお子さんにも経験させて、**答えを出すための材料を与えていくのも大切な役割**です。

けっして思いつめることなく、お母さん、お父さんが答えを出さなくていいときもある。ほかの人の助けを借りていいんだ！と思って、子育てをしましょう。

第4章

その子の特性を伸ばす自己肯定感レッスン

まずはほかの子と比べないこと――「うさぎと亀」のたとえ話

わたしはよく、たとえ話として「うさぎと亀」の話をします。

うさぎと亀が競走をして、足の速いうさぎが油断してお昼寝しているあいだに、ゆっくり歩く亀に追い抜かれてしまいます。気がついたうさぎが急いで追いつこうと走りますが、亀のほうが先にゴールしてしまう話です。

うさぎも亀も、スタートもいっしょ、ゴールできたこともいっしょです。

何が違うかというと、**うさぎは、だれか（ここでは亀）と比較して行動していたこと**。亀は、うさぎのことは気にせずに、ただあきらめずにゴールに向かっていったということ点です。

うさぎは亀が来なければ昼寝し、亀に追い抜かれたとなれば走り出す。**うさぎの行動は、亀との比較が基準**です。うさぎを人間にたとえるなら、他人と比較することでしか自分の価値を決められない、他人と比較して行動するということになり、**他人に**

振り回される「他人軸」の人生になってしまいます。

一方の亀はどうでしょう。

亀はうさぎのことは見ていません。見ていたのは「ゴール」だけ。自分軸をもって、ゴールするぞと歩いていたのです。競走の途中では急な山道を上ったり下りたり、道が曲がったり、まさに紆余曲折があったでしょう。

でも亀はゆっくりでも「ああ、自分には長い爪があってよかったな。この爪があれば転ばなくて済むな」とか、「疲れたけど、4本の足を使って踏ん張ろう」と思いながら、ゆっくり、でも着実にゴールに近づいていたはずです。亀は、「もうダメだ」「ゴールなんてできるわけない」などと思わなかったですよね。

このときの亀の頭のなかで起こっていることこそが、わたしがよくお伝えしている「肯定感情」であり「肯定脳」です。これがあれば、1歩1歩、ゴールに向かっていくことができるのです。

小学校の高学年に入っていく10歳ごろは、自己肯定感が

下がりやすい時期ともいえます。どうしても友だちと比べて「○○ちゃんはできるのに、わたしはできない」「○○くんももっているから、ぼくもほしい」などといったように、人との比較によって判断したり、浮き沈みをしたりしやすくなります。

学校に行けば同級生がいる。人と比べるなといってもなかなか難しいでしょう。だからこそ、せめてお母さん、お父さんは、だれかと比較するのではなく、**子どもの強みや、子どもの目指す目標や目的に向かって歩けるように意識して声かけをして**あげましょう。

「うさぎと亀」の亀のように、自分でゴールを設定できるように導いてほしいのです。その子の特性を伸ばすために、まずはここが第1歩です。

第1章で紹介したような言葉かけをどんどんして、子どもに肯定感情や肯定脳ができていけば、子どもは自分の目標に向かって着実に歩いていきます。

親から子へ「シャンパンタワーの法則」

子どもの特性を伸ばすために、まずお母さん、お父さんは、とにかく自分のことをほめてください。それも、たくさん、たくさん自画自賛しましょう。

いきなり何をいうのかと思われるかもしれませんね。

「シャンパンタワーの法則」を知っていますか。

シャンパンタワーをイメージしてみましょう。いちばん下の段にはグラスがたくさんありますね。2段目、3段目と段が上がるにつれてグラスは少なくなり、いちばん高いところには、グラスが1つだけあります。このいちばん高いグラスにシャンパンを注いでいくと、シャンパンはあふれ、いちばん下の段のグラスまで満たされます。シャンパンタワーをすべて満たすには、いちばん上にある1つのグラスを満たしてあげることが先なのです。

このいちばん上にあるたった1つのグラスは「自分自身」です。つまり、**まず自分**

の

です。

自身を満たしてあげなければ、自分に近い人やまわりの人を満たすことはできないのです。

子育て期間中はとくにこのことを意識してほしいのです。**お母さん、お父さんがまず幸せであることが、とにかく大事。**それなのに、つい子どものことに一生懸命になって、自分のことは後回し。自分を犠牲にして、子どものためにがんばってしまうのです。子育てには体力が必要です。仕事もし、子育てもし、とても疲れる。毎日クタクタ。そういう声をたくさん聞きます。

そうであれば、「疲れた」→「自分にごほうび」でいい。大好きなスイーツとコーヒーでひと息つくのでもよし、推し活をするでもよし。毎日毎日がんばっている自分に、「よくやっているね！」とちょこちょこごほうびを与えてあげましょう。

忙しくても、お母さん、お父さんが自分の趣味に没頭していたり、毎日を楽しそうに過ごしたりして、生き生きしている。お母さん、お父さんが1人の女性、男性として、1人の社会人として、1人の人間として幸せになっていくということ。元気になっていくということ。**その姿を子どもは見て育ちます。**

そうすると、**いちばん上のシャンパンがどんどんあふれ出して子どもに届き、子ど**

もも幸せに元気になっていきます。あふれ出るものが多いと、「減点主義」ではなく「加点主義」でものごとを見られるようになります。たとえ疲れていても、子どもの〝いいところ〟に目がいくようになります。

自分を満たしてあふれたものを使って子育てをしましょう。何もないところからしぼり出すようにして子育てしていたら、枯渇《こかつ》してしまいます。

お母さん、お父さんが肯定的にものごとを見られるようになれば、子どもの肯定脳は何もしなくても勝手に育っていくのです。

「どう受けとるか」でその子の人生が変わる——ABC理論

さて、その子の特性を伸ばすための土台として、**「ほかの子と比べない」「お母さんとお父さんが自分を肯定してあげる」この2つが大切**だということをまずお伝えしました。もう1つ、本題に入る前にお伝えしたいことがあります。

「ABC理論」というものがあります。アメリカの臨床心理学者であるアルバート・エリスが提唱した理論です。

たとえば知らない人とすれ違った瞬間、相手が自分を見て笑ったら、あなたはどう思いますか?

「人を見て笑うなんて失礼だ」
「他人に笑われるなんて、みじめだわ」
「あの人、何かいいことがあったのかな?」
「わたしに気があるのかな?」

つまり、「相手が笑った」という事実をどうとらえるかによって、さまざまな感じ方があるのです。

ABC理論は、できごと（Activating events）を、どのように受けとるか（Belief）によって、結論（Consequences）が決まる、というものです。 ここでいちばん大切なのはBelief(信念）です。**できごとをどう受けとるかは、自分の思考のもとに生まれるからです。**

同じできごとでも、悲しむ人、怒る人、喜ぶ人、気にしない人がいますね。この違いは、その人のBeliefがつくり出しています。「相手に笑われた」（できごと）ことで、「わたしの容姿を笑ったに違いない」と受けとるか、「わたしに魅力がある」と受けとるかでは、結果が大きく変わってしまいます。

逆にいえば、どんなできごとが起こったとしても、受け止め方さえ変えることができれば、その印象も大きく変わります。

そして当然、自己肯定感が高い子は、高い自己肯定感に基づいた受け止め方をします。そうなれば、**自己肯定感の高い子と低い子では、大げさではなく、人生のとらえ方も大きく変わっていきますし、世界は180度変わるのです。**

まずはその子の特性を知ろう——なんでもやってみてOK

まずは子どもの特性はどこにあるのか、それを知っていきましょう。子どもが小学生くらいになってからは、**その子の興味があることは、なんでもやらせる気もちでいることが重要**です。なぜなら、この時期に「体験」することが、その子の人生を決定づける違いになることが少なくないからです。

たとえば、モーツァルトはたまたま家にピアノがあったから、偉大な音楽家になった。もし仮に家がパン屋さんだったなら、違った人生になったかもしれないという仮説もあったりします。ですから、

- 植物を育てる
- 野菜をつくって食べる
- 砂遊びやレゴをする

- ピアノやハーモニカなど楽器を演奏する
- ペットを飼う
- 絵を描く
- 英会話のレッスンをする

さまざまな体験をすることで、ぼくはこんなことが楽しい、わたしはこれをするのが好きと、**自分の個性にみずから気づいていくことができる**ようになっていきます。

ただ、その子の個性に合わない体験をつづけさせてしまうと、それが子どもの自信を失わせることにもなります。英語が苦手な子に英会話レッスンをつづけさせたら、自信を失ってしまうかもしれません。逆に、いままで気づかなかったけど、絵を描かせてみたらとても個性的ないい絵を描くことがわかって、どんどん好きになって自信につながった、ということもあるわけです。

まずは親が「この子はこういうことが得意なはず」「こういうことは苦手だから無理」などと思い込まず、なんでもやらせてみることが重要です。

セルフイメージの低い「思い込み」を外すマインドセット

じつは**「思い込み」には、親御さんによる思い込みと、子ども自身の思い込みの2つがあります。**

人が成長していくことは、階段を上るようなものです。階段を上るとき、クッと足に力を入れますよね。**1歩踏み出すには、力が必要**なのです。ここでいう**力とは、自分を信じる力、自分はできるという力＝自己肯定感**です。

このとき、「思い込み」があるとセルフイメージが低くなり、「自分はダメだ」「階段を上れるわけがない」とブレーキがかかってしまいます。階段の下で止まって1歩も前に踏み出せなくなってしまうのです。

この思い込みの正体は、お子さんの場合、お母さんやお父さんの影響や、過去の失敗の経験などがあります。これが親側の思い込みになると、さらに親の過去の経験則が加わるため、強力な思い込みになります。

ですからここでしっかり子どものマインドセットをしてあげること。**お母さん、お父さん自身も、お子さんを成長させるためにもマインドセット＝「判断基準を変えること」が大切です。**

判断基準を変える方法は、じつはとてもシンプルで、「立場を変えてしまう」ことです。たとえば女性が子どもを出産すると、否《いや》が応にも立場が「母」に変わりますよね。それと同じように、子どもがたとえば10歳になったら、「小さくてかわいい○○ちゃん（くん）」だったわが子を、**1人の個性がある人間として扱うと決める**のです。ここは出産のときと違って、**親側の意識改革が必要**です。

小さなことからでかまいません。まず子どもの呼び方を変えてみる、「ママ」と呼ばせていたのを外では「お母さん」と呼ばせるようにする、いままで親がやっていた習いごとのスケジュール確認を子どもに責任をもってやらせてみる。それ以外にも食事をするとき、服を着るとき、学校の準備をするときなど、**あらゆる場面で子どもが主体性をもって動く立場に変えてあげること。それが子どもの思い込みを外すことにつながります。**

親であれば子どものことは当然心配です。でもいつまでも心配ばかりしていると、子どもは「心配されている子」でいつづけることになるでしょう、心配する親御さんの子どもに「心配するな」ということのほうが不可能です。

ここは**思い切って視点移動をして、いつも肯定的な言葉かけをしてあげましょう。**「大丈夫だよ」「なんとかなるよ」と親がいうから、子どもは「なんとかなる」と思えるのです。

わたしは、**10歳になったら子離れ宣言をしてもいい**と思っています。10歳の誕生日に、

「お父さん、お母さんはあなたに何かあったときは絶対に助けるし、家が安心できる居場所なのは間違いない。でも本当に困るまでは、自分でやってみなさい」

「今日からあなたを自分で考えて行動できる1人の立派な人間として扱うことに決めました」

などと宣言するのです。ぼーっとしていると、あっという間に18歳で成人してしまいます。10歳になる前に**親がスイッチを切り替えたら、社会に出たときに主体性のある、自律した大人になる**ことができるでしょう。自己肯定感さえあれば、それは難しいことではありません。

子どもの将来に対してイメージを高くもってあげる

子どもの特性を大きく伸ばすために、お母さん、お父さんが、子どもの将来に対して高いセルフイメージをもって接することがとても重要になってきます。

お母さんやお父さんは、ご自身の過去の経験や社会生活のなかの、ごく限られた世界で生きてきました。厳しいいい方になるかもしれませんが、その狭い世界のなかでお子さんを見ていると、それ以上の可能性は広がりにくいのです。

「子どもの将来に対して高いセルフイメージをもつ」といわれても、ピンと来ないかもしれませんね。

わかりやすいたとえでいえば、

「この子は将来、大谷翔平さんみたいな人になる。だから、**大谷翔平さんになるという前提で、立場を変えて子どもと接してみよう**」

「この子は○○のような企業で仕事をして、人の上に立つ子になる。だからそのようになる人として接してみよう」

ということです。**ポイントは、セルフイメージを「高く」もつということ**です。「この子は将来、学校の先生になる」ではなく、「学校の先生になって、教育改革に乗り出すようなイノベーションを起こす人になる」というように、です。

ある種の帝王学に近いものになってくると思いますが、子どもが10歳になったころからお母さん、お父さんが「この子は将来、絶対リーダーになる」として接するのと、ただ「この子にはいい会社に入ってもらいたい」というぼんやりした考えだけで接するのとでは、大きく違ってくるということをいいたいのです。

なぜ高いセルフイメージが必要なのか。

それはプロローグでも少し触れたように、日本人の子どもの多くは、自分のことを価値のある人間だと思っていなかったり、自分はダメな人間だと思っていたり、リーダーになっても意味がないと思っているからです。これは、セルフイメージがとても低いことを表しています。

これは、**お母さん、お父さん自身のセルフイメージが低く、マインドセットができていないということと関係しています。**これがいまの日本の親子に多いのです。

これから5年先、10年先、ほかの国の子どもたちが大人になり日本に来て、社会で肩を並べて仕事をするようになってくるでしょう。

そのとき、リーダーとなる方たちは、どんな人でしょう。**自己肯定感が育まれ、アイデアや発想力、思考力、判断力、表現力に富み、主体的に行動する人**ではないでしょうか。

お母さん、お父さんがいまからできることは、「この子はできる」と子どもを信じること。

「うちの子、とてもそんなタイプじゃありません」「親のエゴの押しつけにならないですか？」などといわれることがありますが、**「この子はできる」と思えないのは、親御さん自身の自己肯定感の低さの影響**もあります。

そうであれば、**親が意識してマインドセットするしかありません。**「この子は社会の役に立つ人になるのだ」「社会に貢献する人になるのだ」と信じ、やり直していくことが大切でしょう。

Q19 子どもが苦手なことを無理やりやらせて克服させようとすることは、かえって逆効果なのでしょうか。（7歳男児）

無理に苦手なことをやらせると、子どもは失敗や困難に直面し、自信を失ったり、ネガティブな感情を経験してしまうことがあります。つまり、苦手を克服する代わりに子どもの自信を損なう可能性があるのです。

無理にやらされる状況に置かれた子どもは、ますますその活動に対して抵抗心をいだき、苦手なことに対してより消極的になってしまいます。これでは逆効果。

子どもにはそれぞれ異なる興味や才能があります。苦手なことを無理にやらせるために子どもの時間やエネルギーを使うと、得意なことや好きなことにとり組むための機会を奪ってしまうことになり、子どもの自己肯定感を上げるチャンスまで失ってしまいます。

子どもが苦手なことをやらせるのではなく、ゆっくり段階を踏んでとり組むこと、子どもの興味があることをやらせることが重要です。

とくに子どもの自己肯定感が下がっているときは、お子さんのデコボコ（凸凹）を気にしてしまうかもしれませんが、**デコボコがあること自体がその子の個性であり、特徴なんだ**ということを受け入れてあげましょう。

じつはこうした客観的な視点をもてるのが、おばあちゃん、おじいちゃんです。わが子ほど入れ込まず、やさしいおだやかな目で孫をそのまま愛するような視点。ぜひお母さん、お父さんも、孫を見るような〝おばあちゃん視点〟を意識してみましょう。第1章で紹介した「ポジションチェンジ」です。

一方で、やみくもにやるのではなく、**お母さん、お父さんがある一定の目的や目標をもってやらせることは効果があります。**

子どもにどんな個性があるのか見つけることを目的とするのもいいでしょう。やり方はいろいろあります。

たとえば「1年間やらせてみる」など期間を区切って試したり、「1年のうちに10個やらせてみる」などたくさんやらせてみて、いちばん楽しかったことを選択したり。

そうすると、苦手なものにトライした場合にもネガティブな経験にならず、自己肯定感を下げることなく、次の得

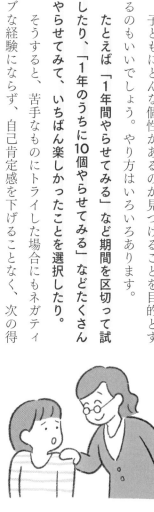

意なものに意識を向けることができます。

Q20 習いごとを「やめたい」といった場合、どう向き合えばいいのでしょうか。（10歳女児）

子どもが習いごとをやりたいといったら、とりあえずやらせることはとても大切です。そのうえで、「やめたい」といったら、まず冷静に理由を聞いてみましょう。「なんでやめるの！　あなたがやりたいっていったんでしょ！」「もうちょっとがんばれないの！」「すぐあきらめるんだから！」などといってしまうと、それはネガティブな経験になってしまいます。

すると次に何かをはじめようという気もちにならなくなってしまいます。

子どもと対話し、なぜつづけることが大変なのか、**子どもがどういう気もちで、何を感じているかに耳を傾け、理解を示すことがとても重要**です。

理由を聞いたうえで、どうするかを話し合いますが、最終的につづけるかやめるかの決定は、子ども自身にゆだねてください。

やめると決めた場合は、子どもがそれまでやってきた経験やプロセスに対して、必ず肯定的な言葉をかけてあげましょう。

「ああ、そうだったんだね。経験できてよかったね」

「挑戦したことは、すごかったね」

などと声をかけると、その経験はプラスのこととして子どものなかに残ります。そして、

「○○ちゃんには合わなかったんだね。何がもっと楽しいかいっしょに考えよう」

などと、ほかの活動や趣味を見つけることができるようにサポートしてあげられるといいですね。**新しい活動を見つけることができれば、やめることも前向きにとらえることができる**でしょう。

子どもの主体的に考える力を伸ばす言葉かけ

子どもに主体的に考えてもらうには、どうすればいいでしょう。

まず家庭でできることは、**親が5W1Hで言葉かけをすること**です。

5W1Hの言葉かけとは、子どもとの会話のなかで「When（いつ）」「Where（どこで）」「Who（だれが）」「What（何を）」「Why（なぜ）」「How（どのように）」の6つの要素をとり入れてみることです。たとえば、お子さんが悩んでいるとしましょう。

「なんで悩んでいるの？　なぜそうなったと思う？」

「そのきっかけはいつだった？」

「どこでそれがあったの？」

「どうすればそれは解決すると思う？」

5W1Hの言葉かけのいいところは、問いかけはシンプルでありながら、子どもに

とっては考えなければ答えられないことなので、ものごとを深く考えるきっかけになるところです。

親御さんはどうしても答えを教えてしまったり、解決方法をアドバイスしてしまいがちです。でも、**まずは子どもに質問する**ことなのです。

これまで考えることをあまりしてこなかったお子さんや、自己肯定感が高くないお子さんの場合、「わかんない」「知らない」などと答えることもあるかもしれません。

その場合は**「わからないんだ、そっか」と受け止めたうえで、それでも何度も習慣化するまでシンプルに5W1Hの言葉かけをしてみてください。**「お母さんしつこい」と思われるかもしれませんが、慣れてくると「お母さん、またこの質問してくるな」というのがわかるので、お子さんも準備するようになってくると思います。

お子さんからすぐに答えが出なくても、**待ってあげることが大切**です。「待つ」ことは親にとってはなかなか難しいですよね。子どものタイプにもよりますが、活発なお子さんの場合は待ち時間を短めにして、「じゃあ1時間後にもう1回教えて」と伝えてもいいですし、落ちついたお子さんやおっとりしたお子さんなら「明日の朝、もう1回聞いてもいいかな」と時間を提示して聞いてみてもいいでしょう。

セルフイメージが高まるレファレントパーソン論

子どものセルフイメージを高めるためにぜひとり入れていただきたいのが、**「レファレントパーソン論」**という考え方です。これは、わたしたちだれもが、本人にとって特別なレファレントパーソンの存在から強い影響を受けて行動しているという理論です。

こうなりたいというロール・モデルになる存在、尊敬できる存在です。たとえば、わたしにとってのレファレントパーソンは自己信頼を説いた思想家ラルフ・ウォルドー・エマソンです。お母さんお父さんにもそんな存在がいるのではないでしょうか。

ぜひお子さんにも、レファレントパーソンを聞いてみてください。**あこがれの存在でもいい**かもしれません。まんが『ワンピース』のルフィとか、それこそ大谷翔平選手と答えるかもしれません。

このレファレントパーソン論を応用したのが、「レファレントパーソン」という

あこがれの人になりきって考えてみよう！

レファレントパーソン

何か決めなければならないとき、問題が起きたとき、悩んだとき、「もし、わたし（ぼく）が〇〇だったら、どう考えるか」あこがれの人物になりきって想像して、書き出してみましょう。

もし、わたしが ＿＿＿＿＿＿＿＿＿＿ だったら

ワークです。何か決めなければならないとき、問題が起きたとき、**「もし、わたし（ぼく）が〇〇だったら、どう考えるか」その人物になりきって想像して、書き出してみる**のです。

「レファレントパーソン」のいいところは、視点が変わるところです。「自分にはできない」「自信がない」といった**思い込みから抜け出すことができる**のです。

レファレントパーソンの視点で考えるようになると、**おのずと子どものセルフイメージは高まっていきます。**

「こころの脳」は12歳までに大きく成長する

赤ちゃんの脳は未発達なまま生まれてきます。そして生まれてから1年ほどで脳は爆発的に発達していきます。これは大脳の神経細胞から出ている樹状突起《じゅじょうとっき》が互いにつながりながら伸び、広がっていくためです。このつながりの部分をシナプスといい、情報を伝える働きをします。

赤ちゃんが刺激を受け、それに反応しながら新しいことを学んでいくと、シナプスはどんどん増え、樹状突起が伸び、脳が発達していきます。

脳は**3歳までに80パーセント、6歳までに90パーセント、12歳までに100パーセント完成する**といわれています。

頭のよさとは、ただ単に学校の成績やテストの点数だけで判断できるものではありません。**社会で必要とされる頭のよさは、「自分で問題を発見し、解決法を見つけて行動できる能力」**です。

そのために、**記憶力や集中力だけでなく、感受性、積極性、独創性、意思、運動力、注意力などあらゆる面でバランスがとれ**、脳の前頭連合野（自分の意志で計画し、行動するなど人にとって重要な役割をもつ場所）がうまく働く状態が理想です。

そして**「こころの脳」においても12歳までの子育て期はとても大事な時期**です。

いわゆる「社会の脳」ともいえる「こころの脳」の成長時期は、言語の発達がピークを迎え、語学力が総合的に伸びる時期。大人と変わらない話し方をするようになり、「生意気なことをいうようになった！」などと思うこともあるでしょう。相手によって言葉を使い分けることもできるようになります。

さらに、相手の表情を読みとる、必要なときにはがまんする、想像力を駆使して何かをつくり出すといった能力が伸びることで、コミュニケーション能力や集中力、想像力、自制心などが鍛えられます。

さらに**10歳前後の児童期は、幼児期に獲得した自主性を生かし、努力や工夫をすることができるようになる時期**でもあります。

だんだん口数が少なくなる思春期の入り口ですが、難しいこの時期に**自己肯定感をアップするポイントを5つ紹介**します。

難しい思春期の入り口 10歳からの子育てが楽しくなる 5つのポイント

①愛情を示すこと

10歳前後になると、愛情を示しづらくなる親御さんもいますが、子どもに愛情を示し、子どもと積極的にかかわり、**感情や意見を尊重**しましょう。

↓「自尊感情」アップ!

②コミュニケーションを重視すること

子どもの口数が減っても、会話の時間を増やすのが難しくても、**子どもの感情や考えをよく聞き、理解しようとする姿勢が大切**です。

↓「自己受容感」アップ!

③自己表現をうながすこと

子どもが自分の感情や意見を自由に表現できる環境を提供しましょう。家庭が子どもにとって「自己表現しても大丈夫」「安心して表現できる」場所であることがきほんです。絵画や音楽で表現するのもいいでしょう。

↓「自己効力感・自己信頼感」アップ！

④自己管理のスキルを教えること

難しく聞こえますが、子どもが「これをしたらリラックスできる」「ストレスが軽減する（ご機嫌になる）」など、ストレスや感情をコントロールする方法をいくつかもっていると、こころが安定した子に育ちます。あわせて、「優先順位のつけ方」「時間に余裕をもって行動する」「作業時間を決めて行う（ゲームは○時間、宿題は○時間など）」など**時間管理の重要性**も教えてあげましょう。

↓「自己決定感」アップ！

⑤社会的なつながりをうながすこと

家族や友だちはもちろん、友だちの親や地域の人、習いごとの先生やコーチなど、できるだけ人とかかわり、ほかの人と協力したり、助け合ったりする機会を与えましょう。**適切な社交スキル**が育まれます。

↓「自己有用感」アップ！

子どもの自分らしさの発揮のための
脳と発達のピラミッド

プロローグ（32ページ）で、**認知能力、非認知能力の土台に自己肯定感がある**とお話ししました。

次ページのピラミッドの図を見てください。上のほうにある**3つの力とは、思考力、判断力、表現力**を指します。

じつはこの3つの力は、認知能力と非認知能力のどちらかに区別できない力だといわれています。いい換えれば、この3つは、認知能力と非認知能力の両方が必要な力なのです。

認知能力とは、「テストで点数にできる力」のことです。具体的には、読み・書き・そろばん、IQ（知能指数）、英語力などを指します。

非認知能力とは、「テストで点数にできない力」のことです。具体的には、意欲、楽観性、忍耐力、自制心、自信、思いやり、コミュニケーション力などを指します。

その子らしさの脳と発達のピラミッド

自分らしさ（個性）が輝くための
いちばんの土台が自己肯定感です。
自己肯定感は脳幹が司る生命力のようなものです。

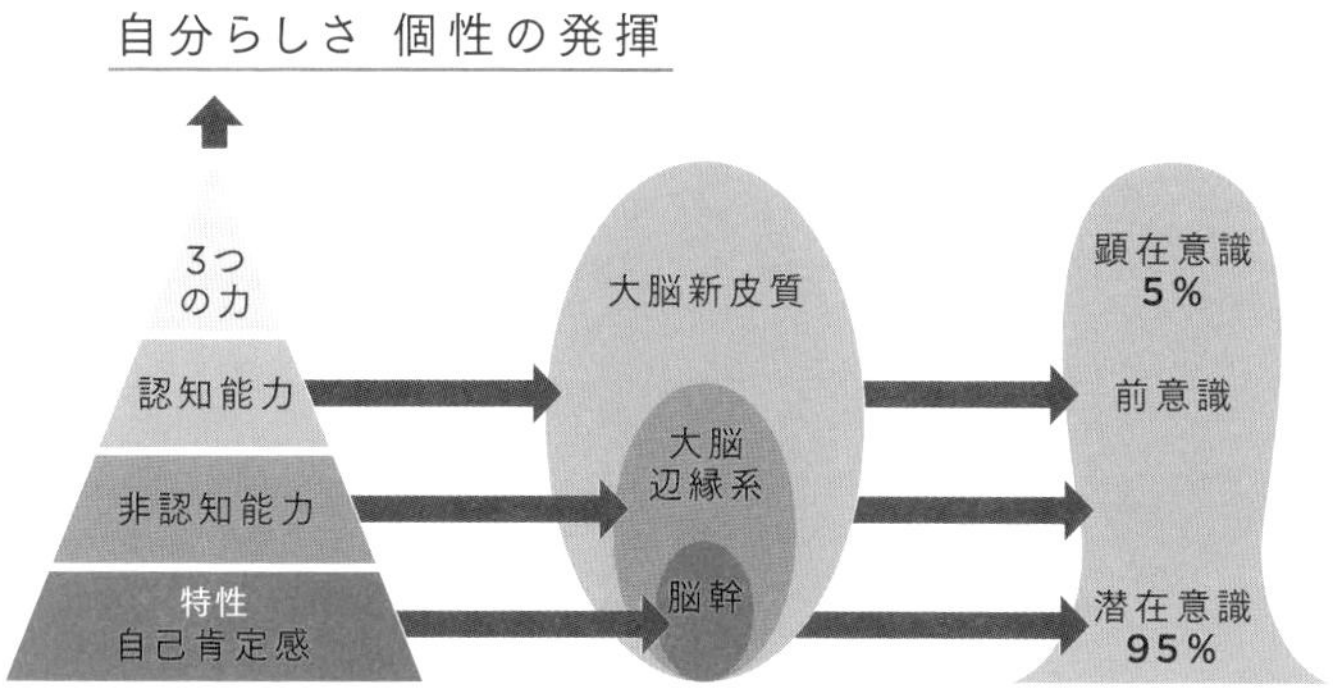
自分らしさ 個性の発揮
3つの力
認知能力
非認知能力
特性
自己肯定感
大脳新皮質
大脳辺縁系
脳幹
顕在意識 5%
前意識
潜在意識 95%

自己肯定感というものを築き上げると、この認知能力も非認知能力も育ち、思考力、判断力、表現力の3つも育ちます。そしてはじめて「個性」が発揮されるのです。それが自分らしさ、その子らしさです。

少々難しい話になりますが、これを脳科学的に読み解くと、自己肯定感は「脳幹」にあたります。脳幹とは、生命活動を司る部分。自己肯定感は、「生きよう、幸せになろうとする力」です。つまり勝手に身長が伸び、勝手に二足歩行をする、人間の生命活動の源と同じと考えます。

非認知能力は感情の部分なので、本能

的欲求によって生きるための感情や行動を司る大脳辺縁系にあたります。認知能力は、より人間らしく理性をもち、人間性を高めながら人間関係をより上手に築くための脳である大脳新皮質にあたると考えます。

なぜわざわざ脳の話をしたかというと、**科学的な視点をもつことで、子育てが楽になる部分があるから**です。

わたしは現在、多くの子育ての指導者や講師、教育現場でお子さんとかかわる方にレクチャーさせていただいていますが、そこでよくいうのが**「子育てはテクノロジー」**だということです。

この本ではぜひ、お母さん、お父さんにもこの意識をもってほしいと思っています。子育てをテクノロジーと表現すると、一見、冷たい印象をもたれがちですが、そうではありません。

とくに親御さんは愛情があるばかりに、子育てに感情を入れてしまいがちです。もちろん愛情を伝えることは大切です。ただ、**お子さんの自己肯定感を育てることに関しては、感情的になりすぎないほうがいい**のです。

最近、子育てにおいて「非認知能力」が注目されていますが、大切なのはバランスです。数値で測りにくい非認知能力ばかりに重きを置いてしまうと、感情的になりすぎてしまう傾向があります。

大切なことなのでもう一度いいますが、**認知能力と非認知能力のどちらも大切で、その土台には自己肯定感があります。**

そこで、少し細かくなりますが、自己肯定感の「6つの感」（131ページ）と、認知能力・非認知能力の対応表をまとめました。認知能力と非認知能力を高めるための参考に、この表を活用していただけたら幸いです。

さらに具体的にどのように高めたらいいかの、「認知能力・非認知能力トレーニング&ワーク」を付録として用意しましたので、興味のある方はぜひ、QRコードから読みとって、行ってみてください。

自己肯定感を育てるには、親が子どもに入れ込みすぎて感情的にならないことが重要です。この本でお伝えしている自己肯定感を上げる方法は、そのために必要なテクニックなのです。

わが子に対して「テクニック」といわれると抵抗がある親御さんがいるのも理解しています。

自己肯定感アカデミー式
「6つの感」と認知能力・非認知能力

6つの感		認知能力	非認知能力
自尊感情	Hope（夢・希望） 現状を認識したうえで、よりよい自分を描いて、さらに進んでいく	数える、 読む、 記憶する	意欲、向上心、 好奇心、主体性、 創造力
自己受容感	Think（考える力） ありのままの自分を好きになれる、ものごとの肯定的側面を見ることができる	書く力、 問題解決思考	課題発見力、 柔軟性、傾聴力、 協調力、計画力
自己効力感	Grid（やり抜く力） 目標に向かってがんばる力、ネガティブをポジティブ変換し乗り越え、何度も挑戦する力	自己理解、 気づく力、 空間認知	自制心（自分と向き合う力）、 忍耐力、持続力、 規律性
自己信頼感	Resilience（回復する力） 自分の可能性を信じ、夢や未来に向かって努力する力、自信を得る力	勤勉性、 集中力	自信、実行力、 レジリエンス（回復力）、ストレスコントロール
自己決定感	Achievement（達成する力） 自分で選択肢を広げ、好きなものを選びとり、目標を達成させる力	表現する力、 伝える力、 発信力	社交力、 コミュニケーション能力、 判断力、発信力
自己有用感	Engagement（未来を切り拓く力） 周囲の役に立ち、自分も周囲に支えられていることに感謝でき、心理的安全性の場を広げられる	論理的思考力、 他社満足思考	共感性、 思いやり、 働きかけ力、 状況把握力

ただ、お子さんと向き合ううえで、10回のうち1回でもいいので、自己肯定感を意識した対応をするだけでも、少しずつ子どもは変わっていくと実感していきます。

付録 認知能力・非認知能力トレーニング＆ワーク

付録として、自己肯定感の「6つの感」のそれぞれと認知能力・非認知能力を高めるワークを用意しました。すぐできるワークからゆっくりやるワークまで多彩なワークをとりそろえています。ぜひQRコードを読みとって、とり組んでみてください。

Ⓐ10歳までの認知能力・非認知能力トレーニング＆ワーク

Ⓑ10歳からの認知能力・非認知能力トレーニング＆ワーク

リビングでのおしゃべりで自己肯定感・やり抜く力・コミュ力が伸びる

自己肯定感を高めるには、家庭内でのコミュニケーションが本当に大切です。当たり前のように聞こえるかもしれませんが、**お母さん、お父さんと子どもに対話があるご家庭であること、これが子どもの自己肯定感においてもっとも大切**だといっても過言ではありません。

先にも触れましたが、お子さんが自分らしく生きていくためには認知能力と非認知能力の両方が必要です。

読み書きなどの言葉の技能は認知能力の1つですが、これは学校や塾でも習えます。ですからある程度、おまかせしてもいいものです。一方、言葉の技能のうちの「話すこと、伝えること」は非認知能力につながり、家庭でできることです。

お母さん、お父さんとの対話が多い子どもほど、言葉の表現力が豊かで、思ったことをうまく伝えることができる＝非認知能力が高まることがわかっています。

自己肯定感の低い子は、どちらかというと話すことや伝えることが苦手な場合が多いです。表現する力は、大人になればなるほど求められるものです。お母さんやお父さん自身がコミュニケーションが苦手な場合もあるかもしれませんが、**できるだけ子どもとしっかり話す、伝えるということを意識**してみてください。

子どもが大きくなって何か困難が起こったとき、楽観的でいられたり、自信を失わずにいられたりするのは、それまでにどれだけ自己肯定感を高める肯定的な言葉を聞いてきたかによっても大きく左右されます。**肯定的な言葉を伝えることで、親は子どもに一生困らないプレゼントをあげることができる**のです。

大切なことなのでもう一度いいます。

家庭内でのコミュニケーションを本当に大切にしてください。お母さんとお父さんが交わしている何げない会話を、子どもは聞いています。お母さんとお父さんが伝え上手、表現上手なら、子どもは勝手に伝え上手、表現上手になっていきます。

昔と比べて家族でいっしょに食事をする機会が少なくなっていますが、せめて朝食の時間だけ、休みの日の夕食の時間だけでも、親子がいっしょにいて、おしゃべりする時間をもてるといいですね。

親の仕事を見せてあげると子どもの自己肯定感が一気に高まる

親が仕事に集中している姿を見た子どもは、同じように集中力が上がったり、将来の仕事への夢が描きやすくなったりするなど、いい影響があるといわれています。

そこでわたしがおすすめするのが、名づけて**「親の仕事の社会科見学」**。

コロナの影響でオンラインで自宅で仕事をする人が増えて、お母さん、お父さんが仕事をしている姿に触れる機会がもてたことは、とてもいいことです。

家で見せるお母さん、お父さんとは違う、仕事をしているときの姿を見れば、尊敬の念も生まれやすく、「お父さん（お母さん）、ちょっとカッコいいな」と思うこともあるでしょう。

子どもは「親がふだん何をしているのか」ということを意外と知りません。これは外での仕事だけでなく、家事にもいえることです。

知り合いの女性は、仕事がお休みの日に娘さんを自分の横につかせて、家事をしているところを全部見せているそうです。そうすると、たとえば洗濯ものを干していると、子どもも手伝おうとしてくれる。もちろんお風呂掃除でも料理でもかまいません。

そうするとお母さんが忙しそうに「洗濯もの干さなくっちゃ」といったとき、たとえ手伝わなかったとしても、**何がどう大変なのか、なぜ忙しいのか、なんとなくでも理解するようになります。**

自分がやってみたらすごく難しかった、面倒くさかった、疲れているときはやりたくないと思った。そう実感すると、感謝の気もちも湧いてきますよね。

やってみたからこそわかるのです。きっとそんなお子さんは、**「外でお金を稼いでくる仕事がすごくて、家事は楽な仕事」などと思わない大人に育つ**でしょう。

清潔な服が着られること、おいしい食事が出てくること、部屋がきれいなこと——その裏に、お母さん、お父さんがやってくれた家事を感じることができるのです。

外の仕事や家のなかでの仕事を子どもに見えるようにすることは、お母さんとお父さんの1日の流れを見せることにつながります。これは、子どもの想像力をかきたてます。

子どもは、「ぼく（わたし）が保育園や学校に行っているあいだに、お母さんやお父さんはこんなことをしているんだ」と、はじめて気づくのです。

すると、お母さん、お父さんをより身近に感じ、同時に尊敬し、感謝もするでしょう。そして最終的に何が起こるかというと、親子いっしょに自己肯定感がアップします。

親からすると、自分の仕事を見せることで、自尊感情、自己受容感、自己有用感が高まります。子どものほうも、家事のお手伝いなどを通じて自尊感情、自己効力感、自己信頼感、自己決定感、自己有用感が高まります。

本来、お子さんを職場に連れていき、親が働いている姿を見せられるといいのですが、職場に連れていくのが難しいこともあるでしょう。その場合は、家庭での会話のなかで、さりげなく仕事の話をするのもおすすめです。**いい話だけでなく、失敗談も話しましょう。**

子どもにわかる範囲で、「今日、やっとがんばってきたプロジェクトが終わったよ。お父さん、がんばったんだよ」「今日、会議でみんなの前で発表しなくちゃいけなかったんだけど、お母さんドキドキしちゃって、大事なところをいい忘れちゃったの。でも同僚がカバーしてくれて……」などなど。小学校高学年以上のお子さんなら、もっとリアルな話をしても、とても喜ぶかもしれません。これこそ、**家庭でできるキャリア教育**ではないでしょうか。

Q 21

「〇〇くんは学校来ないのに、どうしてぼくは学校に行かなきゃいけないの？」という質問にどう答えたらいいですか？（10歳男児）

お子さんは〇〇くんが学校に来ていない理由をたずねていますが、どうやらお子さん自身も学校に行きたくないと強く思っているようですね。

　こんなとき、つい「どうしたの？　だれかに何かいわれたの？」などと根掘り葉掘り問いただしてしまいがちです。学校に行きたくない原因探しをしてしまうのです。いきなり問いただすと子どもも口を閉ざしてしまいます。子どもには、段階を経て理由を聞いていきましょう。

　まずは子どもの気もちに共感することが大切です。お子さんの話をじっくりと聞き、どんな困難をかかえているのか理解しましょう。とはいえ、親にしてみれば子どもにこんなことをいわれたら、共感より心配が先に立ってしまいますよね。

　これはとてもテクニカルに聞こえるかもしれませんが、カウンセラーになったつもりで子どもに話してもらう必要があります。そして**「わたしはこう思う」というI（アイ）メッセージを使ってみるのもいい**でしょう。たとえば、

「〇〇くんは学校に行きたくないんだね。きっと何かつらいことがあるからだと思うよ。あなたも行きたくない学校に行くのはつらいよね」（＝**共感**）

「みんなが学校に行く理由はそれぞれ違うかもね。ほかの子が学校に行くのは、知識を身につけたり、友だちと遊んだりするためかもしれない。あなたも学校で学べるこ

とや、楽しい時間を見つけられるかもしれないよ。お母さんは、将来のために学校に行くのは大切なことだと思うよ」（＝**Ｉメッセージ**）

「でも、なぜ行きたくないのかお母さん知りたいから、もっと話してみてほしいな。あなたがどうしたいか、どんな嫌なことがあるのかを話してみてくれるとうれしいな。いっしょに解決策を考えていこう」（＝**Ｉメッセージ、寄り添い**）

共感したあとに、子どもの気もちや意見を尊重しながら、学校に行く理由や必要性について話していきます。「学校に行くことで何を身につけられるのか」「学校に行くことが将来にどのような影響を与えるのか」などを子どもに説明してみましょう。子どもが納得のいく理由やメリットが見つかるかもしれません。

また、子どもが学校に行きたくない理由に対する具体的な対策やサポートを提案してみることも重要です。**子どもが自分の意見や要望を安心して伝えられる場をつくり、いっしょに問題解決をしていくことが大切**です。

おうちでできる！ 子どもの特性を伸ばす5つのポイント

子どもの特性がわからない、子どもに具体的に何をどうすればいいかわからないという親御さんもいるかもしれません。

そこでわたしがこれまでによくお子さんのセッションでお伝えしていた、5つのポイントを紹介しますので、ぜひご家庭でも子どもの年齢や特性、家庭状況に合わせて、アレンジしてやってみてください。

①同じ本を読む

お母さん、お父さんが、お子さんと同じ本を読みましょう。小さいお子さんなら読み聞かせでいいですが、大きいお子さんなら、親子でそれぞれが同じ本を読むようにします。読む本はお子さんの好みや年齢に応じて、絵本でも詩でも、短めの小説でもいいです。

目的は、**語彙力（ボキャブラリー）と読解力を高めること**。日本は先進国であるにもかかわらず、読解力が低い国といわれています。本を読むことは、ダイレクトに語彙力と読解力の向上につながります。たとえば、いいときも悪いときも「やばい」しかいわないお子さん、いませんか？　自分の不安な気もちやうれしい気もちを的確な言葉で表現できることは、自己肯定感のアップにつながります。

また、**本を読むと、お子さんの将来の年収も変わる**といわれています。

日本人は、諸外国に比べてコミュニケーションが苦手な傾向がある一方で、「空気を読むのがうまい」といわれていますよね。でも、語彙力と読解力が低ければ、その「空気」さえ読めなくなってしまう恐れもあります。

そしてもう1つ、同じ本を読むことで、「感情の幅」を広げてあげることができます。**本を読み終わったあとに、「お父さん（お母さん）はこんなふうに感じたんだ。あなたはどう感じた？」と聞いてみる**のです。

本を読んで語彙力や読解力がアップし、感情の幅が広がれば、小さいころから言葉で考える力ができ、感性を磨くことにつながります。すると相手のこころを想像することができるようになり、結果として**人間関係の質を高めることができます**。

②ホワイトボードで見える化する

家族で話し合うときに「見える化」を意識してみてください。

たとえば「今度の連休、どこに行く？」というとき、「お父さんは北海道」「お母さんは近場の温泉」「ぼく（わたし）はＵＳＪ！」などと話すとします。それを、楽しいイラストや文字などで書いて示すのです。わたしはよく、１００円ショップで売っているような小さなホワイトボードをおすすめしていました。

書いて見せることで、子どもの頭に入りやすくなります。見える化すると「お父さんとお母さんとわたしは（考えていることが）違うんだ」ということが見えてきて、「じゃあ、どうする？」という話し合いにつながります。要は、**論理的に決定することができるようになる**のです。言葉だけの話し合いでは、なかなかできないことです。

「人とわたしは違うんだ」、そして「違っていていいんだ」ということがわかると、何かを決定するときに「自分がしたいことではなくても、決定しなければならないことがある」ということを理解します。そして「自己決定感」が育つのです。

本当にシンプルなことです。例にあったように話し合うときにホワイトボードを使うだけ。それだけで自分の意見と人の意見が同じように並ぶこと、自分が主張するだけではなく、人の意見もとり入れること、意見をまとめること、妥協したり、ゆずったりすることを学びます。**考える力、思いやりの力も育まれる**、とても効果の高い方法です。

③好きリストをつくって見える場所に貼る

家族1人ひとりが、自分の名前を書いたあとに好きなことを箇条書きにしたものを家のなかに貼っておきましょう。

たとえば「好きなデザート」として、

【好きなデザート】

子どもの名前：プリン、チョコレート

お父さんの名前：〇〇のゼリー

お母さんの名前：イチゴが大きいショートケーキ

などと書いて、見えるところに貼っておきます。「好きなまんが」「好きな映画」「好きな夕飯」など家族で共有できるテーマであればなんでもいいです。

そうすると、何がわかると思いますか？

好きなものが同じではないこと、一致するものがないということがわかります。それを見ると「家族でもみんな1人ひとり好きなものが違うんだ」とわかります。これは、子どもにとってとても大切なことなのです。

学校でもよく「わたしの好きなもの」を発表したり、貼り出したりしています。これは、人にはそれぞれ個性があり、独自性がある。だから**1人ひとりを尊重しよう、そして自分の〝好き〟も大切にしよう**、ということが目的なのです。

家庭ではぜひ「同じ家族でも、まったく〝好き〟が違うよね。人間って、同じテーマでも違う考え方をするものなんだね。友だちとも、同じじゃないんだな、って思いながらつき合っていこう」などと話してみてください。子どもは素直なので、「へぇー！　そうなんだ」と聞いてくれるはずですよ。

好きなものを書いておくと、たとえば、「今日お母さん疲れちゃったー」などというと、好きリストに書いておいたデザートをすすめてくれたりするかもしれません。

それってうれしいですよね。

もう1つ子どもにとって大切なのは、「自分には〝好き〟がちゃんとあるんだ」と自覚できること。自分の〝好き〟を引き出してもらうことで自己効力感、自己信頼感を高めることになります。不安になりそうなことがあっても、**「自分には〝好き〟があるじゃん！」と思えることは、心強い味方になってくれる**のです。

④話した内容を子どもに聞く

子どもが上手に話せることよりも大切なのは、「聞く力」をつけることです。なぜなら、よく聞くことができれば、相手を知るために優れた質問ができるからです。質問力は社会に出たとき、とても必要な力。そのために家庭でできることが、「話す」↓「話した内容を子どもに聞く」。日常生活のなかでこの繰り返しをすることです。

わたしがセッションでよくやっていたのは、そのお子さんに話をしたあとに、「先生がいま、何を話したか教えて」と聞くことです。ほとんどのお子さんは「えっ」と固まってしまいます。「大丈夫。もう1回いうから、よーく聞いてね」といって話すと、今度はしっかりと聞いてくれます。これが「聞く力」です。

セッションではなく、この繰り返しがご家庭のなかでできていたら、子どもの聞く力は怖いものなしでしょう。

子どもだからといって、「話してもわからない」などと決めつけないでください。ただ、慣れないうちはそのお子さんに合わせてできるだけ噛み砕いてゆっくり話してあげましょう。

じつはこれは、どんな英才教育よりも優れていると思います。**聞くことができるから、相手のことを理解し、認めることができます。**そしてもっとも**重要なのは、最初にお話しした「質問力」がつくようになること**です。大人でもそうですが、相手のことをちゃんと理解していないと、質問はできません。〝よく聞ける人〟は、社会の現場に出ても一目置かれる存在になれるのです。

⑤遊↓勉強↓遊をルーティンにする

勉強をさせることはとても大事です。よく〝読み書きそろばん〟などといいますが、とくに義務教育までの勉強はしっかりさせてあげたいですね。

ただ10歳くらいになると、学校の勉強は難しくなり、成績にもバラつきが出はじめ、勉強に拒否反応を示すお子さんも出てきます。

子どもが学校から帰ってくると、よく親御さんは「勉強したら遊んでいいからね」といいますよね。じつはこれ、逆なんです。


おすすめの順番は、「遊んでから勉強する。そしてまた遊ぶ」です。


勉強が小さいころから習慣化している子はいいですが、そうでないお子さんに習慣化させるには、効果的な順番です。

ここでいう「遊び」は、お子さんがやりたい遊びならなんでもOK。外遊びやおもちゃじゃなくても、ゲームでもいいです。

なぜ先に「遊び」なのでしょうか。

大人だって、仕事から帰宅したら、まずはホッとリラックスしたいですよね。それなのになぜ、学校から帰ってきた子どもにだけは、「すぐ勉強して」というのでしょうか。これは、「嫌なことはさっさと済ませたい」という大人の都合を子どもに押しつけているだけです。子どもだって、宿題をしなければいけないことはわかっているのですから、子どもを信じてあげましょう。

まず帰宅したら「おやつ食べる?」といってあげてもいいわけですし、それでホッとできたら、子どものほうから「じゃあ宿題やろうかな」と思えるでしょう。何より**家庭は安心安全の場であることが大事**なのです。

「やりなさい」といわれてやる宿題と、自分でやろうとしてやる宿題では、頭への入り方も違います。

シングルマザーのご家庭の例です。

お母さんは仕事で毎日帰宅が20時。そこから夕飯をつくるので、いっしょに食べるのは21時でした。当然、帰宅するまでに子どもに宿題を終わらせるように伝えていましたが、まったくやってくれないというご相談でした。

そこで**「遊↓勉強↓遊」の考え方**をお伝えしました。お母さんが帰宅する20時までは、遊び放題でいいよ、と。ゲームをしても、ゴロゴロしていてもいい。子どもがすっかりリラックスしている状態でお母さんが帰宅することになります。そこからの動きを習慣化したのです。

「お母さん、30分で夕飯を用意するから、あなたもその30分で宿題をしてね。ヨーイドン！」

これが毎日つづけばしめたもの！　お母さんも帰宅後の動きにメリハリができ、親子の会話が増え、お子さんも怒られることなく宿題にとり組めます。結果、そのお子さんの成績はアップしました。

いまの時代、シングルのご家庭はもちろん、ご両親が忙しく働いている家庭、帰宅が遅い家庭などスタイルはさまざまです。昭和の時代にあったまんがの『サザエさん』のようなご家庭は少数派です。現状に合わせて、どうやって折り合いをつけるかを考え、親子が楽にできる方法を探っていけるといいですね。

Q22

子どもが中学受験なのですが、モチベーションを保ってもらうためにはどうすればいいですか？（11歳男児）

大人でもモチベーションを保つのは難しいのですから、子どもがモチベーションを保ちながら中学受験に臨むのは、大変なことです。

「やらねばならない」と思っているのは親御さんのほうなので、やる気がなくなったときには、お子さんに「中学受験でやる気を保てなくなるのって、普通のことなんだよ」と、そのまま伝えましょう。

そのうえで**子どもが安心して勉強できる環境を整えること**です。心理学の用語でいう、「心理的安全性」を確保してあげるのです。

たとえば、**子どもといっしょに具体的な目標を設定し、それを達成するための計画を立てます**。そのときに、子どもの目標だけでなく、「お父さんもダイエットに挑戦しようと思ってるんだ。いっしょに目標達成するようにがんばろう！」「お母さん、毎日30分、オンライン英会話をやることにしたよ！」など、家族みんなでとり組めるととても効果的です。

目標を立てたらそのままにせず、励ましたり、息抜きをしたりすることもモチベーションを保つのに有効です。

「みんながんばったから、週末は勉強をちょっと休んで出かけよう。お父さんも今日はダイエットをお休みして、好きなものを食べるぞ～！」といったように。

中学受験の勉強をするのは、たしかに子ども自身です。でもそれを継続していくためには、お母さん、お父さんもいっしょに伴走する必要があります。

勉強を教えるといった直接的なサポートもいいのですが、**お母さん、お父さんがお**

子さんと同じように何かにとり組んでがんばっている。その姿こそが、お子さんのモチベーションを保つ最高の方法になるのではないでしょうか。

Q23

妻が子どもをあまりほめることがなく、否定的なことばかりいうので、とても気になっています。でも単身赴任中で妻に任せている部分も多いので、意見がしづらいです……。(8歳女児)

ここで**大切なのは、お子さんのことよりも夫婦間のコミュニケーション**です。わだかまりを感じてもご主人が遠慮しすぎて、奥さまの意見のほうが強くなっているように感じます。とくに母と娘というのは仲よくなりがちで、お父さんが入りづらいことが多いようです。奥さまのほうももしかしたら、1人でがんばっていると思っているかもしれません。

とはいえ、話し合うといっても、お父さんとお母さんが教育方法でいい合っているような状況では、娘さんもプレッシャーを感じてしまいます。

ここでは、奥さまの子育てに対して意見をいうよりも前に、日ごろの感謝の気もちを言葉で伝えることが重要です。**お子さんの前にまず奥さまをほめる**のです。「いつも本当にありがとう」と感謝の気もちを伝えたら、奥さまもうれしいですし、話を聞こうという姿勢になります。

そのうえで「ぼくは少し遠慮をしていて、きみに相談しづらいんだよ」ということを素直に伝えることができたら、奥さまもこころを解かすのではないでしょうか。

こうして休日や日常のコミュニケーションのなかで子育てについて話し合う機会をもちましょう。**何より夫婦が協力し合うことが、お子さんのためになります。**

お父さんが娘さんに自分の意見や思いを伝えるときにも、奥さまの意見を軽視しないようにすることが大切です。

おそらくお父さんは真面目な方なのだと思います。でも、「子どもは勝手に育つから大丈夫」というくらいの気もちで、もう少し気楽に子育てをしましょう、ということをお伝えしたいです。

夫婦でほめ合うというのもとても大切です。それはめぐりめぐってお子さんをほめることにつながります。そんなご夫婦の姿を見ていれば、おのずと娘さんの自己肯定感もアップしていきますよ。

付章

0歳から
5歳までの
自己肯定感Q&A

エリクソンの発達心理学：年齢別の自己肯定感

心理学者エリック・エリクソンは人間が生まれてから人生を終えるまでのこころの発達を8段階に分類し、その段階ごとに獲得すべき発達の課題と、それに相対する葛藤「心理社会的危機」を示しました。

次ページの図を見るとわかるように、「基本的信頼」と「不信」のように対立する2つの性質で表現されています。課題をクリアすることによって、よりよく生きていく力がつき、次の発達段階につながる力を得られるのです。そして、危機を乗り越えることで、生涯にわたって発達しつづけると考えました。だから乳児期はもちろん、児童期も青年期も、そして高齢者と呼ばれる年齢になったとしても、人のこころは一生発達しつづけるのです。

そのもっとも土台となるのが、乳児期です。発達の課題は、必ず下から（乳児期から）順番に獲得していきます。ただし、**この表の年齢の通りに獲得できていなくても**

エリクソンの8つの発達段階

	ポジティブな面	ネガティブな面	成長させる面
第8段階:成熟期 65歳〜	自我の統合	絶望	知恵
第7段階:成人期 40〜64歳	生殖性	停滞	世話
第6段階:成長期 22〜39歳	親密性	孤立	愛
第5段階:青年期 13〜21歳	自己同一性	同一性の混乱・拡散	誠実
第4段階:児童期 6〜13歳	勤勉性	劣等感	自己効力感
第3段階:遊戯期 3〜6歳	積極性	罪悪感	目的
第2段階:早期幼児期 2歳前後	自律性	恥・疑惑	意志力
第1段階:乳児期 0〜1歳	基本的信頼	不信	希望

大丈夫です。自己肯定感を高めれば何歳からでも、いつからでも獲得できますし、やり直しもできます。お子さんとのかかわり方で悩んだら、この発達段階に合わせたかかわり方を意識すると、自己肯定感の高い子どもに育っていくでしょう。

それぞれの発達段階の特徴について紹介しましょう。この章の末には、乳児期から青年期までの自己肯定感のワークも掲載しますので、ぜひそちらも参考にしてみてください。

［乳児期（0〜1歳）］

お母さん、お父さんとの一体感や信頼感を経験する時期。乳児期のうちにおっぱいやミルクをもらう、おむつ替えをしてもらう、あやしたり寝かしつけたりしてもらうなど、たくさん世話をしてもらうことで、「基本的信頼感」がつくられていき、**人生に「希望」を見いだすことができる**ようになります。

［早期幼児期（2歳前後）］

全身の筋肉や運動機能が発達し、歩けるようになるなど、自分の意志で行動できるようになります。自分でしたいという気もちが芽生え、言語能力も発達し、**自分の意志を他者に伝えられるようになる時期**。ただ、自分の意志と社会のルールとのあいだで板挟みとなり、ありのままを受け入れられないことも出てきます。

[遊戯期（3〜6歳）]

その名の通り、ままごとやごっこ遊びに夢中になる時期です。みずから主体的に遊ぶことや関心や興味をもったことを「なぜなぜ？」と問うことによって、**自発性を形成し、目的や目標をもつ時期**でもあります。

[児童期（6〜13歳）]

子どもが学校に入り、それまでとは比べものにならないくらいの知識や技術を学習したり、友だちとの集団生活に適応したりする時期。自分のことを客観的にとらえられるようになり、発達の個人差が大きい時期でもあります。子どもが自ら学んでものごとを完成させたり、仲間と集団行動をして成功したりする体験を通して、**自分が「できる人間である」と感じる自己効力を獲得する大切な時期です。**

【青年期（13～21歳）】

第2次性徴や性的欲求の高まりなどによって、性差を意識するようになる時期です。自意識と客観的な事実の違いに悩み、こころもからだもゆれ動く、思春期とも呼ばれる時期。「自分はどんな人間か」「何になりたいのか」と思い悩み、自分の「アイデンティティ」を探しはじめます。アイデンティティを確立できると、自分の価値観を信じて応えようとする誠実さが芽生えます。

【成長期（22～39歳）】

就職して社会に価値を生み出すようになったり、プライベートでは結婚して家庭をもつ人が出てくる時期です。この時期はいかに他者と親密な相互関係をもつことができるかが重要なポイント。相手を受け入れ、相手に受け入れられ、信頼する人との仲を深め、愛を感じ獲得する時期です。

【成人期（40～64歳）】

壮年期とも呼ばれ、のちの世代に貢献することに自分の時間やエネルギーを費やす時期。エリクソンは「ジェネラティヴィティ(generativity)」という独自の造語をつくりました。この「次世代育成能力、生殖性」を発揮することで、社会貢献をしたり、次世代に何かを残す「世話」という力を獲得できる時期でもあります。

【成熟期（65歳〜）】

子育てが終わり、退職して余生を過ごす時期であり、からだの老化と直面し、死と向き合うことになる時期です。この時期までの発達段階を経ていれば、この成熟期でいままでの人生を肯定でき、「知恵」を獲得できます。自分の人生に意味・価値を見いだすことができる時期です。

Q24 噛みつき、指しゃぶり、かんしゃくを起こしたときの対応を教えてください。

（1〜5歳児）

1歳くらいのお子さんの場合、噛みつきは歯がかゆいなど単純に歯の感覚を楽しむ意味もあります。もう少し大きくなると、言葉にできない自分の気もちを表現する手段として噛みついてしまう場合があります。

噛みつきぐせがあるお子さんには、強くいい聞かせたり、怒ったりするのは逆効果。まずは噛まれた相手の安全を確認したうえで、子どもが落ちついてから冷静に「噛むことは、人に痛みを与えることなんだよ」ということを説明しましょう。そしてやさしく注意深く「噛むのはダメ」だと伝えます。繰り返しますが**怒るのではなく、冷静に伝えることが大切**です。

指しゃぶりについては、「おっぱいやミルクがほしい」という生理的欲求のほかに「さみしい」という理由もあるようです。指しゃぶりに安心感を求めている場合は、安全なおもちゃやおしゃぶりなど噛むグッズを利用しましょう。グッズに頼ることに抵抗がある親御さんもいますが、いまは優れたグッズがたくさんあるので、指しゃぶりの欲求を満たしてあげましょう。

子どものかんしゃくは、感情の表現方法の1つです。子どもがかんしゃくを起こした場合は、冷静でいることが大切です。お母さんなど保育者がイライラしていると、不思議とお子さんにも伝わってしまいます。なるべく**お母さんがイライラしないで済むように事前に対策をしておくことも大切**です。

たとえば急いで保育園に登園させなければいけないときにかぎってかんしゃくを起こしがちな場合、途中で自転車から下ろしたり、落ちつかせたりする時間がもてるように「時間に余裕をもって家を出る」ことも、シンプルですが有効な方法です。気もちが落ちつくまで待ち、余裕があれば何が嫌なのかを聞きましょう。

あるお母さんはかんしゃくを起こしたとき用の〝決めグッズ〟として、お子さんが好きなおもちゃやもたせると泣きやんでしまうようなお気に入りのものをもち歩いていたそうです。触った感触が面白いもの、音が鳴るもの、シール、ぬり絵、絵本など五感に訴えるものだと、上手に気をそらすことができ、落ちつくことが多いようです。

あわせて、お母さんやお父さん自身の気分が上がる、自分用の気分転換グッズもあるといいですね。好きな香りのハンドクリームや、見るとニヤニヤしてしまう推しグッズ、大好きな音楽など。子どもとの時間が苦痛なものになっては本末転倒です。親子ともども、毎日を楽しい時間にしましょう。

Q25 早生まれで、まわりの子より育ちがゆっくりなことが不安です。（1〜3歳児）

早生まれのお子さんは勉強やスポーツ、体格などあらゆる面で不利であることは、エビデンスがあります。

ただ、子どもの成長には個人差がありますから、まわりの子どもと比較して心配しすぎることはありません。子どもは自分自身のペースで成長していくので、あせらずにゆっくりしたペースで成長を見守りましょう。

たとえば同学年の4月生まれの子より半年間遅く生まれた場合、4月生まれの子と比べても仕方がありません。半年たてば、わが子も同じようになると思えば、あせる必要もありません。**重要なのは、子どもが自分のペースで自信をもって成長できること**です。

親御さんが何かしてあげたいのであれば、ごく普通のことですが、おもちゃや絵本、遊びのなかで子どもが楽しめるような環境を整えること、外出や公園などで自然に触れ合い、ほかの子どもとのかかわりを通して成長の機会を提供してあげることくらいです。

小学生くらいになったら「早生まれのほうが、大人になったときに〝1年若い〟ってうらやましがられるよ」とか、「同じ学年のなかでもかわいがられるからラッキーだよ」などポジティブ変換してあげるのもいいですね。

そして**子どものとり組みや努力をほめ、失敗や間違いに対しても励ます**など、肯定的な言葉をかけつづけて、自信をつけてあげましょう。

Q26

「年長児が怖い」や「いじわるされるから」といって登園したがりません。（3〜5歳児）

じつは、このようなことをいえるお子さんは成長が早いのです。「まわりがよく見えているね」「そう感じるようなこころをもっているんだね、それってすごいことだよ」などと、ほめてあげましょう。

そのうえで子どもが怖いと感じる理由やいじめられると感じるできごとに対して、子どもの気もちを受け入れ、理解しましょう。「そんなことといわないの！」「いじわるなんてするはずないでしょう」などといわず、とにかく子どもが話すことに耳を傾け、**不安な気もちを安心して表現できるようにしてあげることが大切**です。家庭が安心できる場であれば、子どもは情緒的に安定します。

いじわるの内容が暴力的なものなど深刻なものなら、親や大人が積極的に介入する必要がありますが、そうでないなら子どもの感じている問題について、幼稚園や保育園とコミュニケーションをとり、子どもが登園するためのサポートを協力して行ってください。

これは園の教育方針によりますが、年長さんが年中・年少さんのお世話をするなど、何か上級生として下級生のサポートをするような役割をもたせてあげると、自尊感情や自己信頼感、自己有用感が満たされ、いじわるをしなくなるという話も聞きます。

そのほかにわが子にできることとすれば、何か**その子が得意なことや興味をもっているることに集中できるようにサポート**し、自信をもたせてあげましょう。子どもが自分の能力を認め、肯定することで自信がもてると、克服する勇気を伸ばすことができます。

Q27

急に言葉づかいが悪くなりました。(3〜5歳児)

動画やテレビ、友だちなど外的な要素に影響を受けてしまうのは仕方がないこと。

言葉づかいのきれいなテレビ番組を選んで見せてあげるなど、環境を整えてあげることくらいしかできないのが現実です。

ですので、せめて家庭内ではいい言葉づかいをこころがけましょう。まず**親が率先してていねいな言葉を使う**ようにしてくださいね。

すべての会話をいい言葉づかいにするのは難しくても、朝起きてから寝るまで、「おはようございます」「いただきます」「こんにちは」「ありがとう」「おやすみなさい」「ごめんなさい」「お願いします」など、子どもが理解できるような単語やフレーズを使って適切な言葉づかいを伝えてあげたいですね。

言葉づかいがきれいなCD（音楽）や、絵本で読み聞かせをすることも有効です。5歳くらいまでは、〝いい言葉のシャワー〟をたくさん浴びることで定着していきます。そしていい言葉づかいができたら、ぜひほめてあげてください。**子どもはほめられることで自信をもち、いい言葉づかいを継続する**ことができます。

もう1つ、言葉づかいが悪くなったら、からだを動かすことも有効です。とくに男の子のお子さんの場合は、エネルギーを発散させてあげることで、落ちつく場合があります。

Q28

仕事をしているので、とにかく時間がありません。「早くして、早くして」が口ぐせでヒステリックになりがち。この状況どうすればいいですか……。（5歳女児）

忙しい朝などはとくに、子どもを急《せ》かしてしまいがちですよね。でも、「早くして、早くして」というのは、親のスピードに子どもを合わせようとしていることにほかなりません。**子どもには子どもの時間があります。**当たり前のようですが、大人は子どもの時間を知り、時間に余裕をもたせることがいちばんの解決策です。

たとえば、子どもの着替えに時間がかかるなら、手伝わずに何分かかるか計ってみてください。20分かかるなら、いままで7時に起きていたのを6時半起床にします。そして子どもが着替えている20分のあいだを、ヘアメイクをする、朝ごはんの準備をする、メールチェックをするなど親の時間にします。

工夫すればいろいろ方法はあると思います。あるお母さんは、お子さんといっしょの時間に起きて朝ごはんの用意をすると、そのあいだ、お子さんが手もち無沙汰で何もしていないことに気づき、自分だけ30分早く起きるようにしたそうです。その30分で朝ごはんと子どもの着替えの用意をし、万全の状態でお子さんを起こすのです。

そうするとイライラする必要がなくなりますよね。そのあとも、子どもの着替え、食事、歯磨きなど動線を決めて、何も考えなくても同じ動きを繰り返せばいいようにしたら、時間の余裕ができたといっていました。

そもそも「早くして」といっても、子どもにはまったく意味が通じていません。「早くして」といって、早く行動してくれたお子さんはいないのではないでしょうか。子どもはなぜ急がされているのかわからないからです。

また、朝をストレスの時間にしないために、楽しい要素を入れるのもいいでしょう。

時計をまだ読めないお子さんなら「長い針が真ん中に来たら家を出るよ。じゃあいま何をする?」といってゲームのようにしたり、アップテンポの曲をかけながら支度をしたり。逆にごはんを食べるときはゆったりしたテンポの曲にするのもいいですね。テレビをつけていると行動が遅くなるので、音楽だけを流すというのもおすすめです。

Q29

4歳の息子をもつ父親ですが、すぐにグズって泣いてしまうので、どう接したらいいかわかりません……。（4歳男児）

お父さんががんばっている姿がよくわかります。グズっているということは、お父さんに甘えてくれているんですね。

4歳のお子さんがグズるのは、たいてい何かが「できない」「やりたくない」「気分が乗らない」ようなときなので、年齢的にもう仕方がないこと。**まずは子どもの感情を受け入れ、寄り添いましょう。**そしてぐずっているあいだは「大丈夫だよ」と抱きしめて安心感を与えてあげることができれば十分だと思います。

また、グズってもいいようにできるだけ時間に余裕をもつようにしましょう。グズったときにあたふたしないように、いくつか対処法を用意しておくのもいいかもしれません。たとえば、お気に入りの〝決めグッズ〟をしのばせておけば、グズったときに気をそらすことができます。

また、お父さんとお子さんのコミュニケーションが足りないことはないでしょうか。**否定的な言葉は使わず、子どもの努力やいい行動に対してほめる**ことで、子どもの自尊心を高めることができます。日ごろから手をつないだり、ハグをしたり、スキンシップもたくさんとれるといいですね。

Q30

夫が子どもを甘やかすんです。祖母も甘やかします。毎日いないから、責任を感じていないようなんです。どうにかしたいです……。（5歳男児）

お母さんが一生懸命な様子がよくわかります。お父さんはお母さんと比べて、お子さんと長い時間いっしょにいられないことが多いので、つい甘やかしたくなってしまうのでしょうね。

まずご主人のほうですが、**夫婦でよく話し合って、問題を共有することが大切**です。「ちょっと甘やかしすぎじゃない？」とストレートに話したほうがいいでしょう。たとえば「なんでも買い与えてしまう」など、具体的に何に対して甘やかしすぎだと思っているのかも伝えられるといいですね。

その際、「〇〇したときはごほうびを買ってもＯＫ」「近所の買いものに行ったときについでに買うのはＮＧ」「おやつをあげてもいい時間や量」など共通のルールを決めておくと無駄な感情論にならずに済みます。

おばあちゃん、おじいちゃんの場合も同様で、感謝の気もちは伝えつつも、家族みんなで一貫したルールがあるといいでしょう。

一方で甘やかすことが必要な面もあります。たとえばお子さんが両親から同時に怒られてしまったら、逃げ道がなくなってしまいますよね。お母さんが怒っていたら、お父さんはやさしくするなど、逃げ道をつくっておくことで子どもの気もちは安定します。

そして**いちばん大切なのは、お母さん自身です。お母さん自身も自分を甘やかしてあげてください**ね。お菓子を食べながらテレビを見たり、10分でもいいからホッとひと息ついてお茶を飲む時間を自分に与えてあげてください。お父さんがお子さんを甘やかしている時間を、**「自分の甘やかしタイム」**にしてもいいですね。

ここからはエリクソンの発達段階にそって、自己肯定感ワークを紹介していきますが、年齢の通りに獲得できていなくても大丈夫。何歳からでも獲得できますし、やり直しもできます。遅いとかはありません。楽しみながらはじめてみてくださいね！

乳児期の自己肯定感

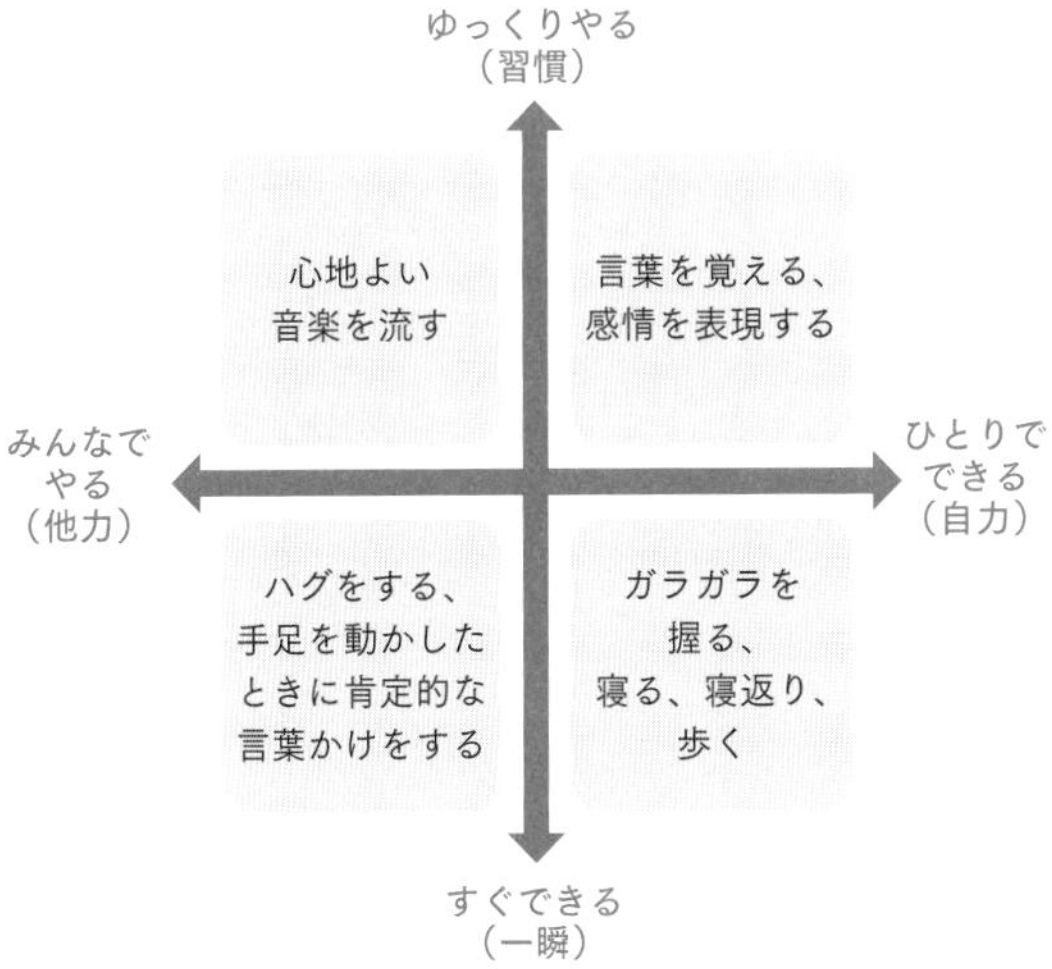

ゆっくりやる
（習慣）
心地よい
音楽を流す
言葉を覚える、
感情を表現する
みんなで
やる
（他力）
ひとりで
できる
（自力）
ハグをする、
手足を動かした
ときに肯定的な
言葉かけをする
ガラガラを
握る、
寝る、寝返り、
歩く
すぐできる
（一瞬）

乳児期（0～1歳）の自己肯定感ワーク

乳児期のお子さんへの基本的な接し方、そして自分への接し方は次の通りです。上記のワークも参考にしてください。

［接し方］

① **肯定的な声かけ**をする、笑顔で接する

② 温かな**スキンシップ**

③ 子育てをがんばっている**自分にごほうび**をする

④ **余裕のある日常**のスケジュールで、赤ちゃんにとっての安心感を提供

早期乳児期の自己肯定感

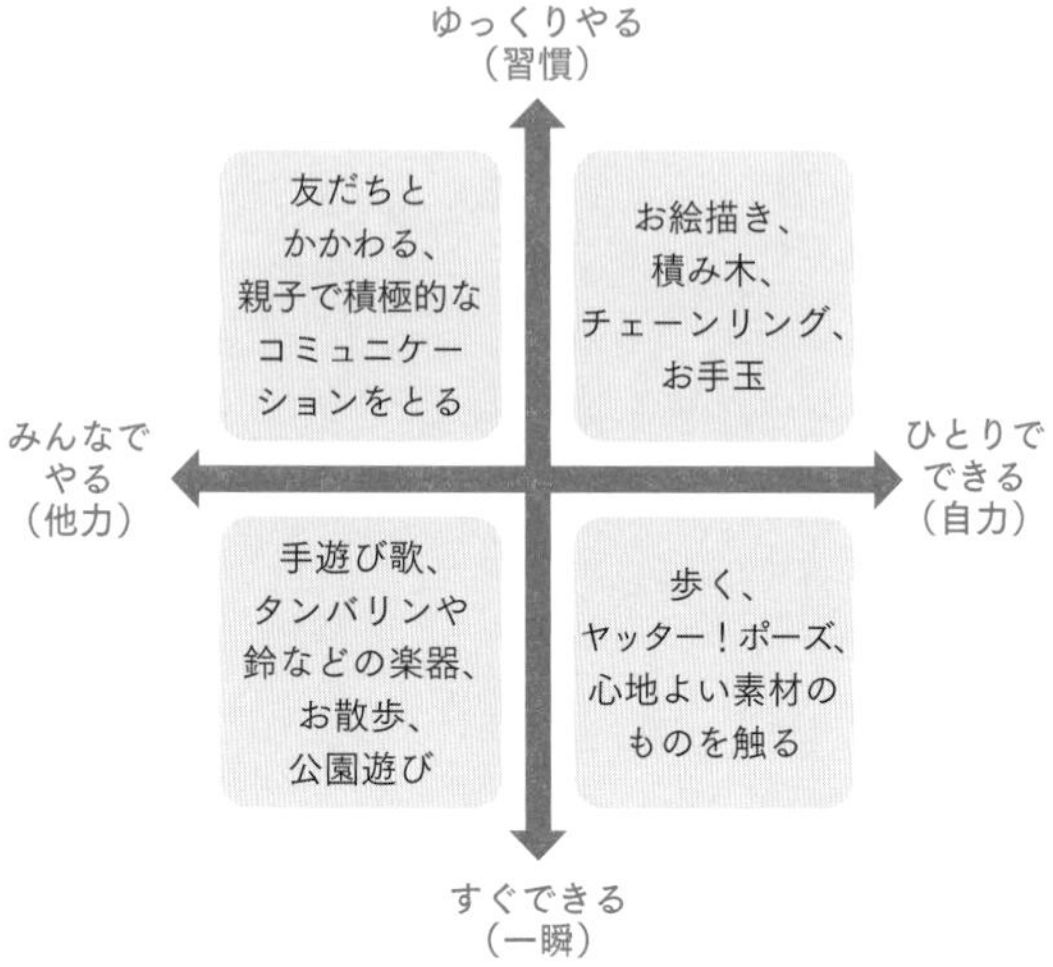
ゆっくりやる
（習慣）
友だちと
かかわる、
親子で積極的な
コミュニケー
ションをとる
お絵描き、
積み木、
チェーンリング、
お手玉
みんなで
やる
（他力）
ひとりで
できる
（自力）
手遊び歌、
タンバリンや
鈴などの楽器、
お散歩、
公園遊び
歩く、
ヤッター！ポーズ、
心地よい素材の
ものを触る
すぐできる
（一瞬）

早期幼児期（2歳前後）の自己肯定感ワーク

［接し方］

①自我が芽生えるため、自分でできることを**積極的にサポート**。洋服を選ぶときに2つから選ぶなど自己決定をうながす

②**スモールステップ**でできたことをほめる

③「これなあに？」と聞いて**好奇心を高める**。ていねいな言葉づかいで話しかける

④運動能力の向上のために、お散歩やすべり台など、**からだを動かす遊び**をとり入れていく

遊戯期の自己肯定感

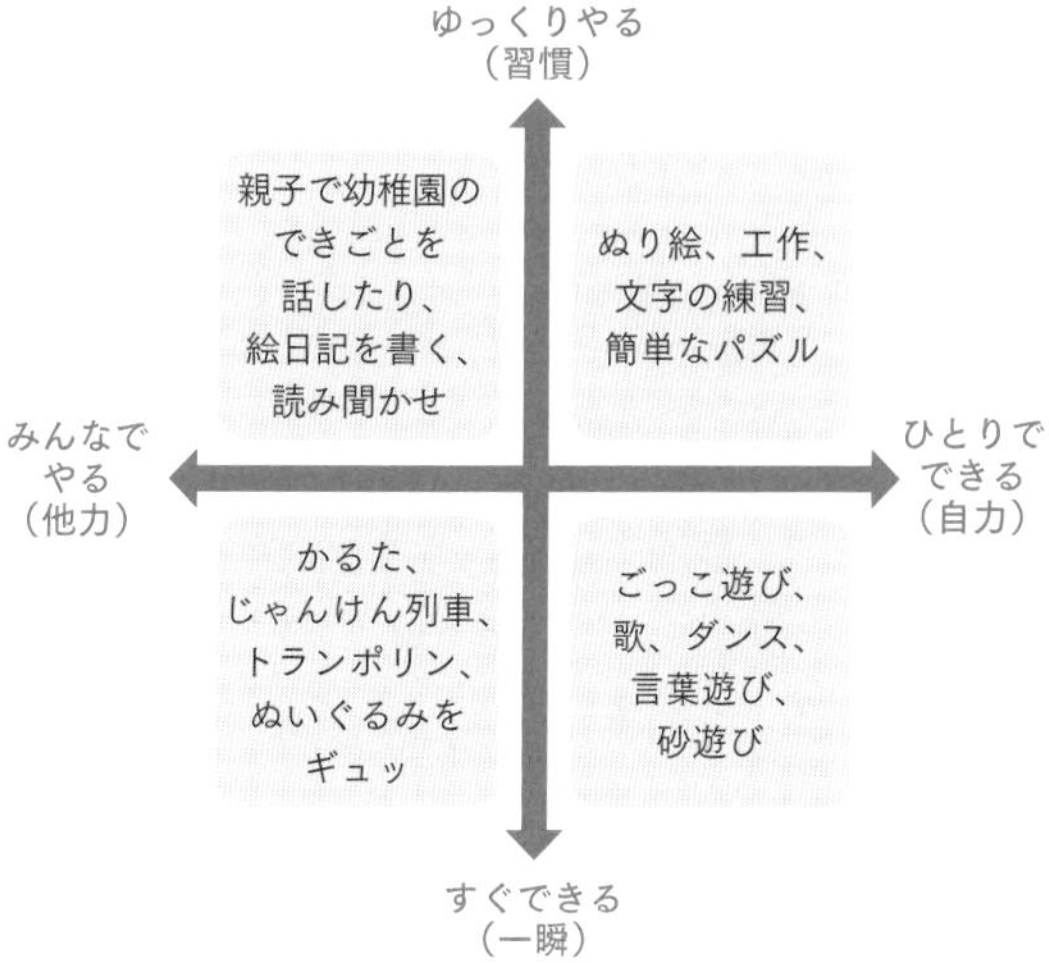
ゆっくりやる
（習慣）
親子で幼稚園の
できごとを
話したり、
絵日記を書く、
読み聞かせ
ぬり絵、工作、
文字の練習、
簡単なパズル
みんなで
やる
（他力）
ひとりで
できる
（自力）
かるた、
じゃんけん列車、
トランポリン、
ぬいぐるみを
ギュッ
ごっこ遊び、
歌、ダンス、
言葉遊び、
砂遊び
すぐできる
（一瞬）

遊戯期（3〜6歳）の自己肯定感ワーク

［接し方］

① ルールなど理解し、**社会性**が芽生える。遊びなどを通じて、約束などを伝えていく。また集団でできる自己肯定感ワークを行っていく

② お手伝いなど、**家庭での役割**をうながし、できたときは感謝を伝える

③ 成功したらほめ、失敗しても挑戦したことを**認める**

④ 子どもの**感情表出**を大切にする（コミュニケーションの機会を大切に）

児童期の自己肯定感

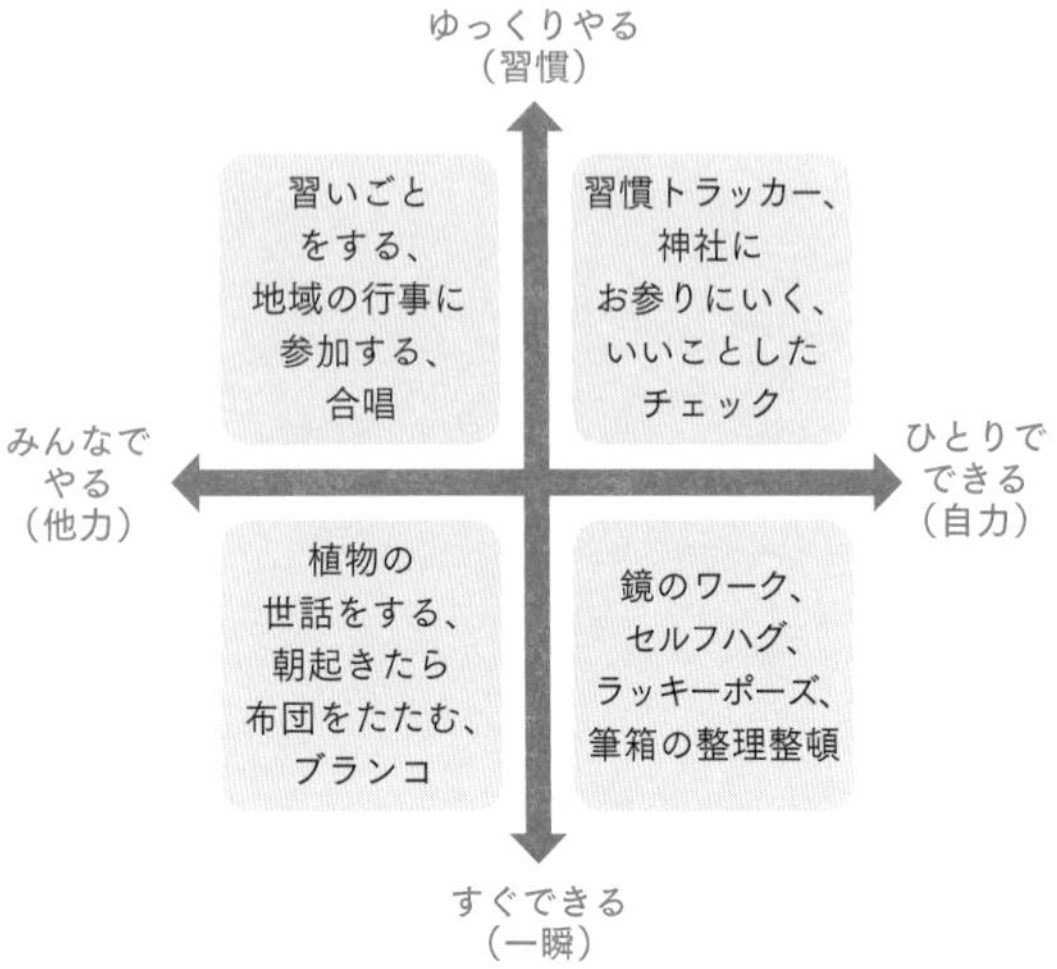
ゆっくりやる
（習慣）
習いごと
をする、
地域の行事に
参加する、
合唱
習慣トラッカー、
神社に
お参りにいく、
いいことした
チェック
みんなで
やる
（他力）
ひとりで
できる
（自力）
植物の
世話をする、
朝起きたら
布団をたたむ、
ブランコ
鏡のワーク、
セルフハグ、
ラッキーポーズ、
筆箱の整理整頓
すぐできる
（一瞬）

児童期（6〜13歳）の自己肯定感ワーク

【接し方】

① **興味を尊重**し、個性を大切にする

② 強みや好奇心を伸ばす機会を提供し、**成功体験**を積ませる

③ **友情や協力**の大切さを教える

④「がんばったね！」と**言葉で励まし**、困難をいっしょに乗り越えるサポートをする

青年期の自己肯定感

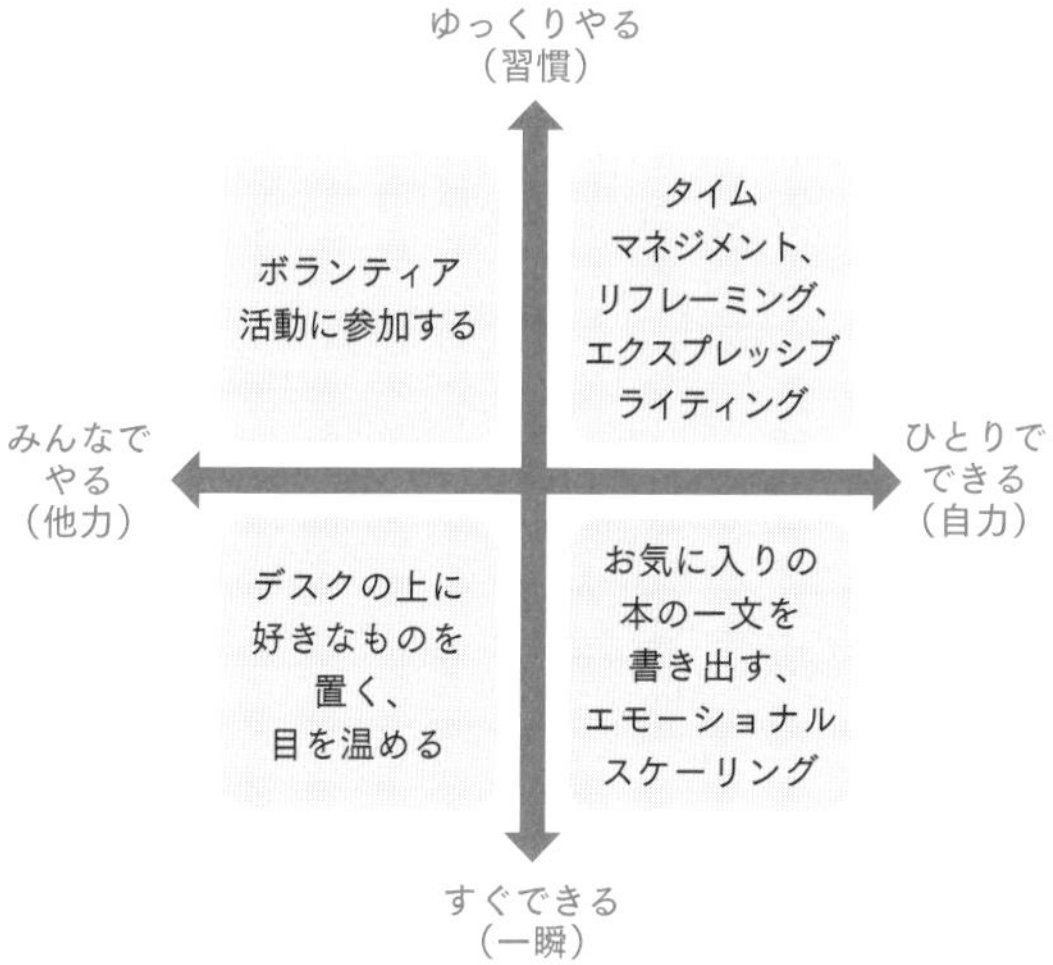
ゆっくりやる
（習慣）
ボランティア
活動に参加する
タイム
マネジメント、
リフレーミング、
エクスプレッシブ
ライティング
みんなで
やる
（他力）
ひとりで
できる
（自力）
デスクの上に
好きなものを
置く、
目を温める
お気に入りの
本の一文を
書き出す、
エモーショナル
スケーリング
すぐできる
（一瞬）

青年期（13～21歳）の自己肯定感ワーク

【接し方】

① 自己表現や自主性を尊重し、家族との対話を通じて**自己発見**を促進する

② 興味や価値観に基づいて進学や将来の**計画をサポート**する

③ 個性を大切にし、自分らしさを追求する**自由を提供**する

④ 失敗や迷いを受け入れ、そのなかの**肯定的側面**に目を向けることができるように、成長のプロセスを共有する

著者略歴

中島 輝（なかしま・てる）

自己肯定感の第一人者/心理カウンセラー/自己肯定感アカデミー代表/トリエ代表。困難な家庭状況による複数の疾患に悩まされるなか、独自の自己肯定感理論を構築し、セラピー・カウンセリング・コーチング・メンタルトレーナーを実践しつづける。30年間の人体実験と独学で習得した技法を用いて24時間365日10年間実践。自殺未遂の現場にも立ち会うような重度の方、Jリーガー、上場企業の経営者など15,000名を超えるクライアントにカウンセリングを行い、回復率95%、6か月800人以上の予約待ちに。「奇跡の心理カウンセラー」と呼ばれメディア出演オファーも殺到。現在は自己肯定感をすべての人に伝え、自立した生き方を推奨する自己肯定感アカデミーを設立し、「アドラー流メンタルトレーナー講座」「自己肯定感カウンセラー講座」「自己肯定感ノート講座」「自己肯定感コーチ講座」「HSPカウンセラー講座」などを主催し、週末の講座は毎回満席。インスタグラムフォロワー7万人。ラインブログは文化人5位とSNSでも話題沸騰中。著書はこれまで、『自己肯定感の教科書』『書くだけで人生が変わる自己肯定感ノート』『自己肯定感diary』『自己肯定感365日BOOK』『繊細すぎる自分の取扱説明書』（SBクリエイティブ）、『1分自己肯定感』（マガジンハウス）などを発刊し、海外でも翻訳されている。

・「自己肯定感アカデミー」
https://ac-jikokoutei.com

・「中島輝について」
https://ac-jikokoutei.com/history/

・「自己肯定感が高まる 365日メルマガ」

・「自己肯定感チェックテスト」

何があっても「大丈夫。」と思える子に育つ
子どもの自己肯定感の教科書

2024年3月31日　初版第1刷発行
2024年8月20日　初版第3刷発行

著　者　中島 輝
発行者　出井貴完
発行所　SBクリエイティブ株式会社
〒105-0001　東京都港区虎ノ門2-2-1

装　幀　小口翔平＋畑中 茜＋嵩 あかり（tobufune）
編集協力　樋口由夏
イラスト　こやまもえ
DTP・図版　森貝聡恵（Isshiki）
コーディネーター　久保田知子
編集担当　杉本かの子（SBクリエイティブ）
印刷・製本　三松堂株式会社

本書をお読みになったご意見・ご感想を
下記URL、またはQRコードよりお寄せください。

https://isbn2.sbcr.jp/23258/

落丁本、乱丁本は小社営業部にてお取り替えいたします。定価はカバーに記載されております。本書の内容に関するご質問等は、小社学芸書籍編集部まで必ず書面にてご連絡いただきますようお願いいたします。

ISBN 978-4-8156-2325-8

イフゼンプランニング

「(if)もし〇〇が起きたら、(then) 〇〇をする」というように、何かうまくいかないと思ったら、それが終わったときどんな楽しいことをするかを書いて、未来を楽しく行動できるようにするカードだよ。

もし 明日の発表で緊張 したら

いままでたくさん練習をしたから大丈夫と言葉に する。

もし　したら

する。

もし　したら

する。

もし　したら

する。

もし　したら

する。

もし　したら

する。

もし　したら

する。

いまの気もちは10点中何点？

エモーショナルスケーリング

君がマイナスの気もちになったとき、いまの気もちが10点中何点かを表してみよう。これまでで最低だったときを10点とすると、いまの気もちは何点かな？

は10点中何点？

0点	1点	2点	3点	4点	5点	6点	7点	8点	9点	10点

は10点中何点？

0点	1点	2点	3点	4点	5点	6点	7点	8点	9点	10点

は10点中何点？

0点	1点	2点	3点	4点	5点	6点	7点	8点	9点	10点

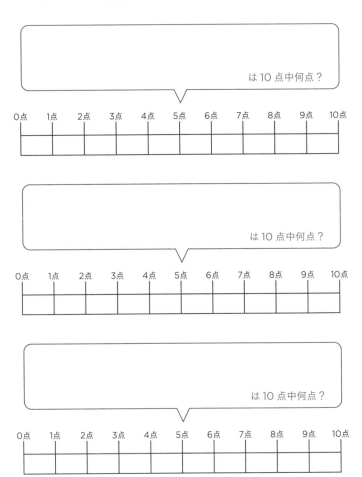

もしもわたしが〇〇だったら?

ポジションチェンジ

もしわたし(ぼく)が、〇〇さんという相手の立場だったらどんなふうに考えるかな? 相手とわたし(ぼく)立場を交換して考えてみよう! それを書き出すともっといいよ!

もし、わたしが ＿＿＿＿ だったら

＿＿＿＿＿＿＿＿ と考えて、＿＿＿＿ する。

例

もし、わたしが お母さん だったら

健康に育ってほしい と考えて、 お料理 する。

あこがれの人になりきって考えてみよう!

レファレントパーソン

何かを決めなくちゃいけないとき、何か困ったことがあったり、悩んだりしたとき、「もしわたし(ぼく)があこがれの〇〇さんだったら、どんなふうに考えるかな?」と、その人になりきって想像して書いてみよう。

もし、わたしが ＿＿＿＿＿＿＿＿ だったら

未来にどんな自分になっていたい？

タイムライン

いまの自分と比べて、君は1年後、3年後、5年後、10年後にどんな自分になっていたい？ 大まかなイメージでかまわないよ。わくわく感満載で想像して書いてみよう。

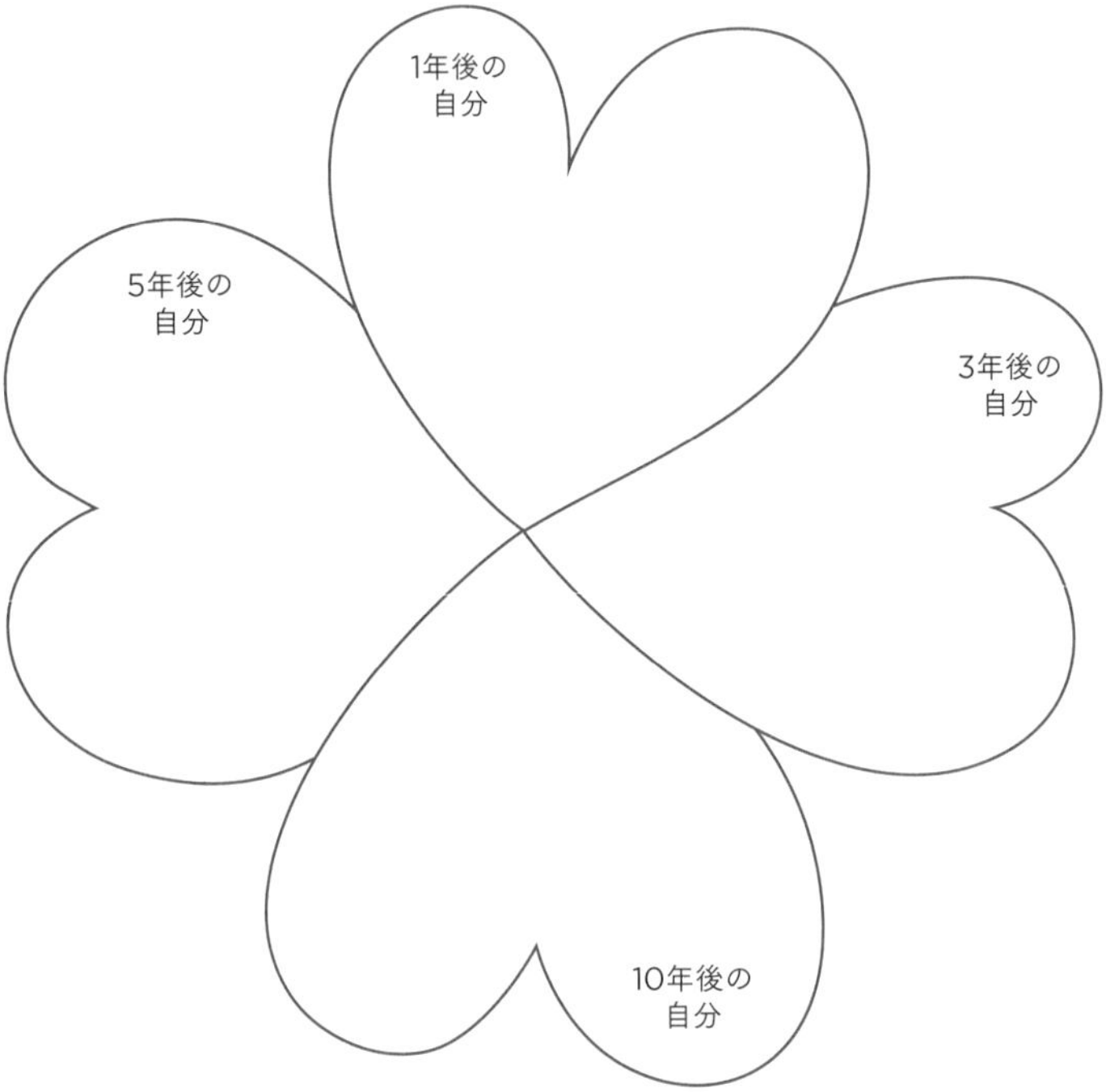

夢を叶えるステップノート

イメトレ文章完成法

9つのマスの文を埋めて書いていくだけで、夢が具体的になっていくよ。書くことで成功のいいイメージがついて、書いた文を見るたびに君の夢が叶うようにやる気がアップしていくよ。

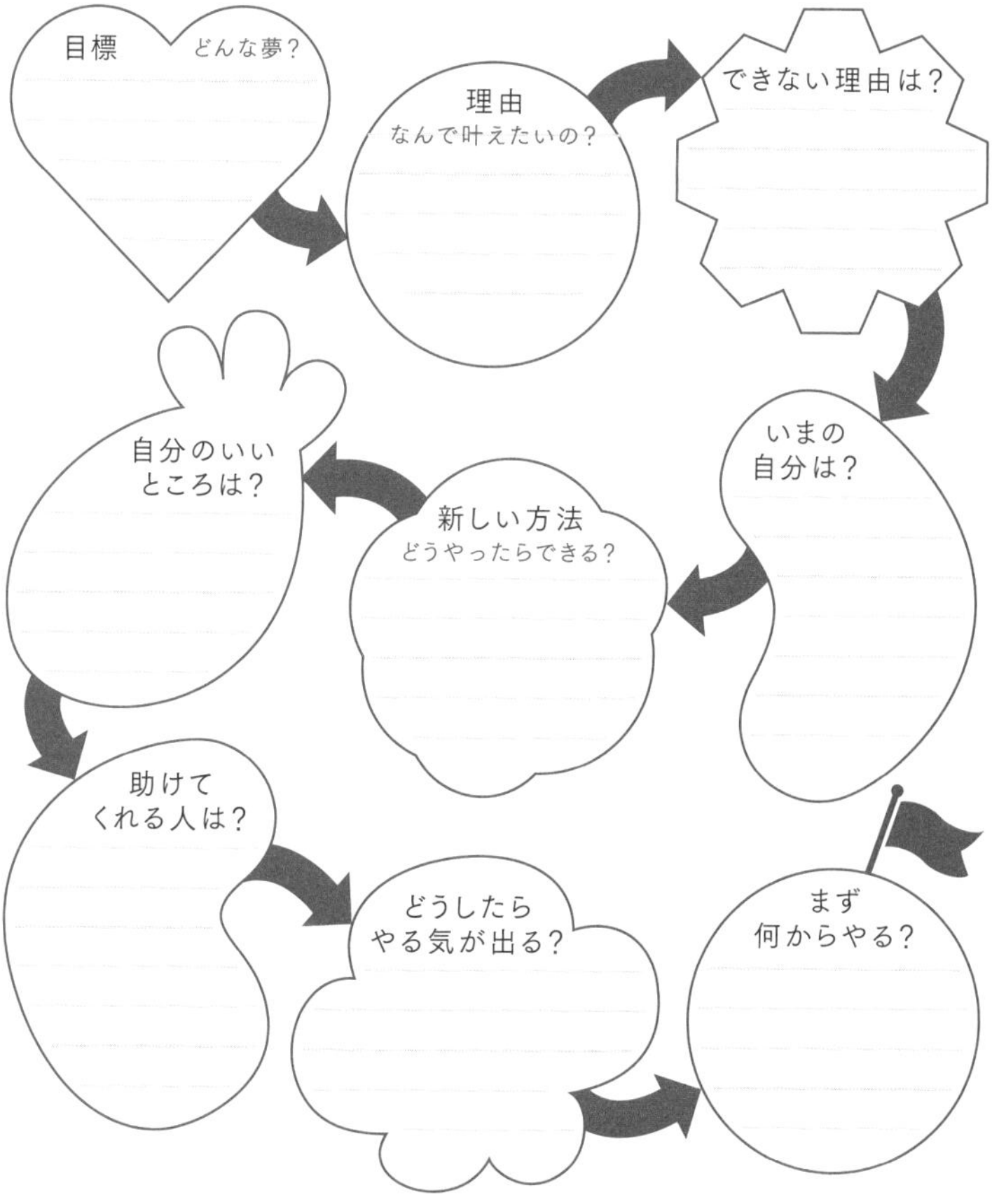
目標
どんな夢?
理由
なんで叶えたいの?
できない理由は?
いまの
自分は?
新しい方法
どうやったらできる?
自分のいい
ところは?
助けて
くれる人は?
どうしたら
やる気が出る?
まず
何からやる?

課題の分離ノート

お母さん、お父さん自身がいま直面している家庭内の悩みについて、課題を6つピックアップし、その課題は自分の課題なのか、相手の課題なのか、仕分けてみましょう。

【　　　　　　　　　　編】

下記の課題は、だれの課題か考えましょう

①

②

③

④

⑤

⑥

①	②	③	④	⑤	⑥

記入例

【親子 編】

下記の課題は、だれの課題か考えましょう

① 子どもに整理整頓の習慣をつけさせたい

② 子どもがいたずらをして笑っている

③ 子どもがゲームに夢中で勉強をしない

④ 子どもをダンス教室に通わせたい

⑤ お客さまと話をしていると子どもがお腹が空いたと割り込んできて困る

⑥ 子どもが講演会でポータブルゲームで遊んでいて心配

①	②	③	④	⑤	⑥
親	子ども	子ども	親	子ども	親

【夫婦 編】

下記の課題は、だれの課題か考えましょう

① 夫が子育ての悩みを聞いてくれない

② 夫が子どもを甘やかすのが気になる

③ 子どもの受験校を夫が決めようとする

④ 子どもがほかの子とけんかばかりするので夫が怒っている

⑤ 姑が子どもにこっそりモノを買い与えている

⑥ 子どもが夫のいうことだけは聞くのが気に入らない

①	②	③	④	⑤	⑥
自分	夫	夫	子ども	姑	自分

バケットリスト

もしお母さん、お父さん自身が5年後に死んでしまうとしたら、「これだけはしておきたい！」と思うことは何ですか？　思いつくままに書き出してみましょう。

書き出したなかから5つだけ選び、「これをしなければ絶対に後悔する」と思う順番にランキングをつけましょう。

順位	ランキング	その理由
1位		
2位		
3位		
4位		
5位		

書いたものを眺め、「気づいたこと、感じたこと」「これからの人生に生かしたいこと、注意しておきたいこと」を記しておきましょう。

Wishリスト

「やってみたい!」「こうなりたい!」と感じる願いごとを書いてみよう。たくさん書いていると、いつもは考えてもいなかった、自分の本当にやりたいことが見つかったりするよ。なんでもいいのでわくわく、ドキドキ、ときめくことを思いつくままに書いてみよう。

紙に書いてクシャクシャポイ

エクスプレッシブライティング

イライラすることがあったとき、
くやしいことがあったとき、
悲しいことがあったとき、
そのことを思いつくままに
書いてみよう。
そして、書いた紙を
クシャクシャに丸めて、
「お～わり！」と言いながら、
ゴミ箱にポイッと捨ててしまおう。
気分がスッキリするよ！

今日のいいこと3つ書いてみよう

スリーグッドシングス

「今日あったいいこと」を3つ書いてみよう。「今日のいいこと」を見つけるクセがつくと、自分のいいところやみんなのいいところにも目が向いて、ポジティブになっていくよ。

（例）今日の給食のカレーが美味しかった

月　　日
1
2
3

月　　日
1
2
3

月　　日
1
2
3

月　　日
1
2
3

月　　日
1
2
3

月　　日
1
2
3

きみの"いまここ"について書いてみよう！

ライフチャート

①わたし（ぼく）が「いま」大事にしていることを8つ［　］に書き入れよう。
②次に［　］にどれだけ満足しているか5点満点で点数をつけてみよう。
③最後にその点数を1つアップするために何をしたらいいのか考えてみよう。

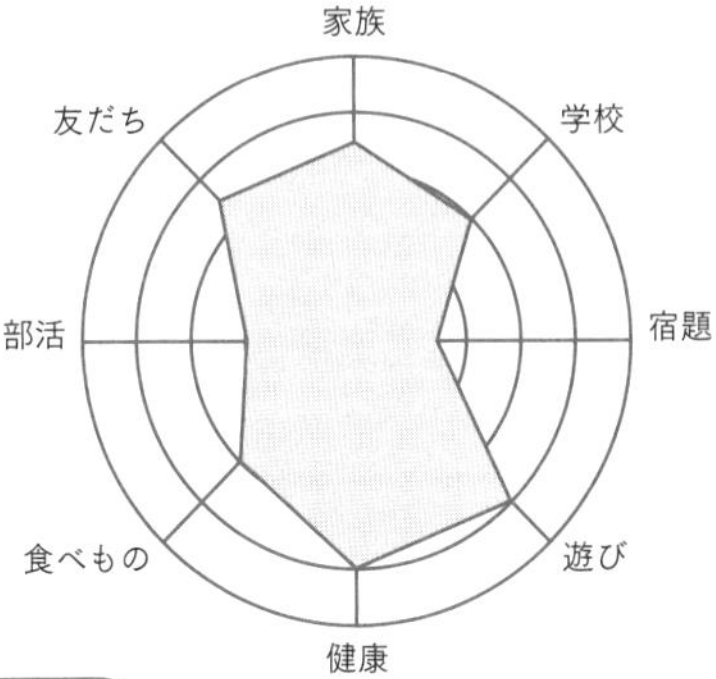

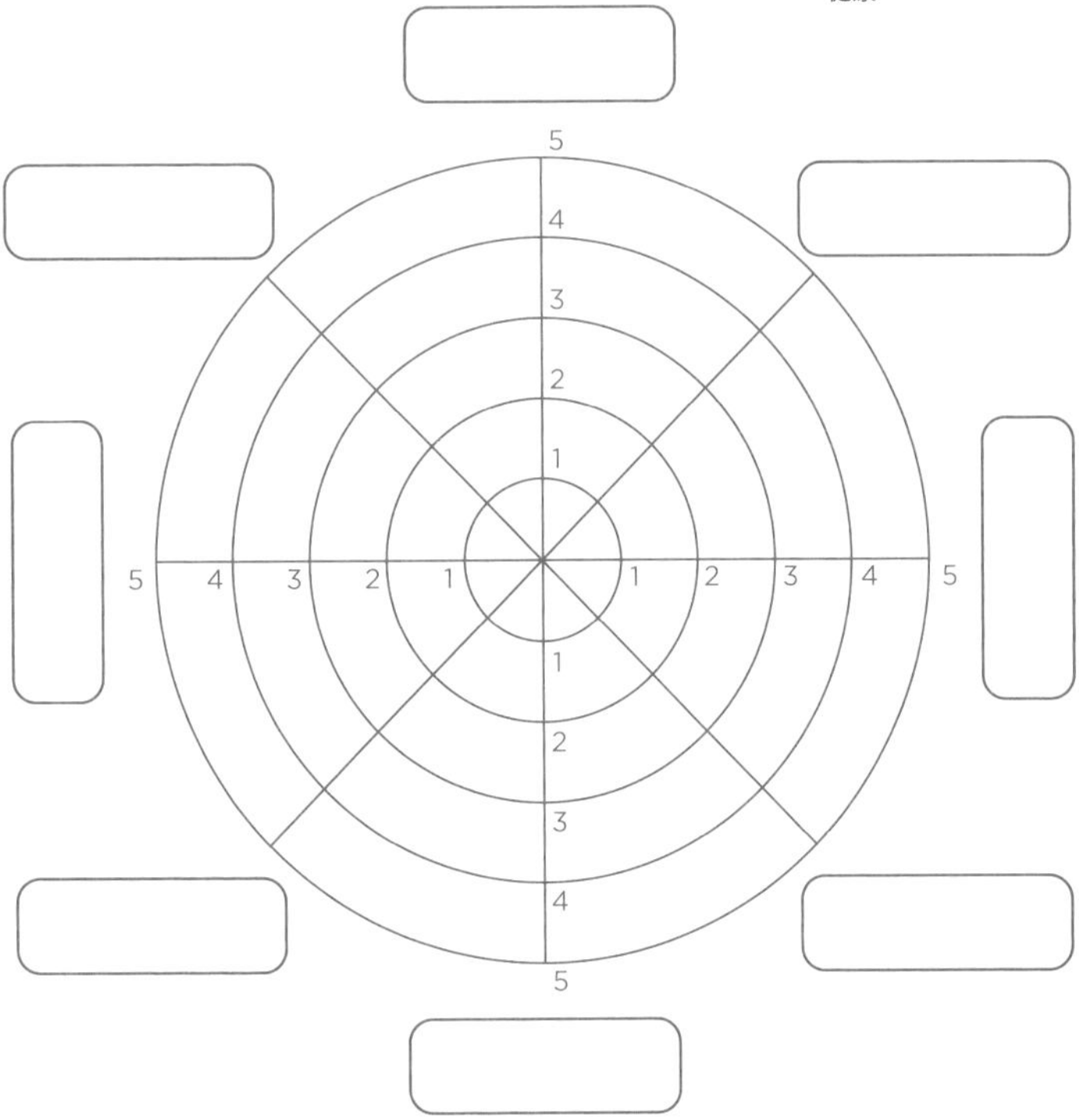

鏡のなかの自分に声をかけよう！

鏡のワーク

鏡のなかのわたし（ぼく）に向かって、元気になる言葉をかけてみよう。わたし（ぼく）やまわりのいいところがたくさん見えるようになって、こころもからだも元気になるよ。とくに朝の声かけがおすすめ。1日を気もちよくスタート！

	なんて声かけた！	Check!
1日目		
2日目		
3日目		
4日目		
5日目		
6日目		
7日目		
8日目		
9日目		
10日目		

例

できたらチェック！

	なんて声かけた！	Check!
1日目	自分に〇（マル）！	✓
2日目	ツイてる！　ツイてる！	✓
3日目	大丈夫！　大丈夫！	✓
4日目	できる！　できる！	✓
5日目	ヤッター！	✓
6日目	楽しい！　楽しい！	✓
7日目	安心！　安全！	✓
8日目	なんとかなる！	✓
9日目	ありがとう！	✓
10日目	幸せだな～	✓

習慣づくりカレンダー

習慣トラッカー

夢や目標を実現するために「習慣」を身につけよう。いちばん上の「内容」の部分に習慣にしたいことを書いて、できた日にはチェックを入れてね。チェックするたびに「できた！」とうれしくなるよ。チェックが溜まればやる気もアップ！

（例）ヤッターポーズ！を朝、歯を磨いた後にする

チェック方法の例

- ぬりつぶす
- 斜線でぬる
- 斜線を引く
- チェックを入れる
- 丸をつける

マークや マーク
シールをはってもOK!

内容／日付	(例)寝る前にスマホを見ない																
1																	
2																	
3																	
4																	
5																	
6																	
7																	
8																	
9																	
10																	
11																	
12																	
13																	
14																	
15																	
16																	
17																	
18																	
19																	
20																	
21																	
22																	
23																	
24																	
25																	
26																	
27																	
28																	
29																	
30																	
31																	

“いますぐ”することは何？ 大切にしたいことは何？

タイムマネジメント

いますぐすることやしたいことをリストに書き出してみよう。ふせんに書いて貼っておいてもOK。それを「いますぐすべきで大切」「大切だけどあとでOK」「大切でないけど、いますぐしたい」「大切でないし、あとでOK」の4つに振り分けよう。何にとり組むべきかがよく見えてくるよ！

例

	いますぐ	あとでOK
大切	宿題	時間割の準備
大切でない	おやつを食べたい	ゲームで遊びたい

	いますぐ	あとでOK
大切		
大切でない		

いますぐすること・したいことリスト

仲間の力も借りてみよう！

解決ノート

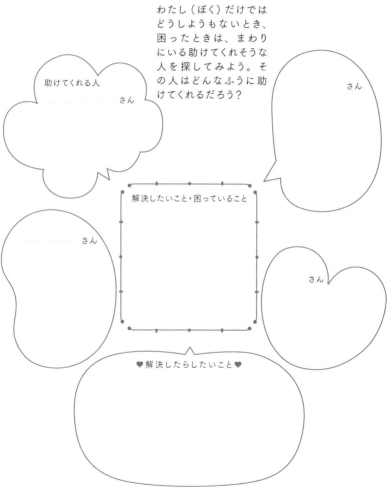

わたし（ぼく）だけではどうしようもないとき、困ったときは、まわりにいる助けてくれそうな人を探してみよう。その人はどんなふうに助けてくれるだろう？

助けてくれる人

さん

さん

解決したいこと・困っていること

さん

さん

♥解決したらしたいこと♥

1日1ついいことをしよう！

いいことしたチェック

だれかのためにいいことをすると、とっても気もちのいいもの。「お母さんのお手伝いをした！」「落ちていたゴミを拾った！」「○○ちゃんをなぐさめた！」など、なんでもOK！ 1日1つを目標にしてできたらチェックを入れよう。

1	2	3	4	5	6	7	8	9	10

11	12	13	14	15	16	17	18	19	20

21	22	23	24	25	26	27	28	29	30

みんなのいいところを探そう！

みんなのいいとこ探しメモ

まわりの友だちやみんなのいいところを探してメモしてみよう。いいところが見えるようになると、その人をもっと好きになれるだけじゃなく、自分のいいところも見えてきて、自分のことももっと好きになれるよ！

例　○○くん　先生にいつも元気にあいさつしているところ

だれのいいとこ？	どんないいとこ？